Primera Edición: Agosto 2015

ISBN: 978-0-9961255-0-5

"Colección Dorada" está integrada sólo por autores que además son columnistas regulares del Periódico Digital Long Island Al Día - www.lialdia.com -

Printed in USA - Impreso en los Estados Unidos de América

CLAVES DEL BUEN VIVIR
Psicoanálisis y Educación

Jaime Kozak

2015

Prólogo

CLAVES DEL BUEN VIVIR

Dos años después de Jugar, jugar; hasta crecer, Jaime Kozak nos presenta el segundo libro de la serie Psicoanálisis y Educación: Claves del buen vivir.

En esta ocasión, y ya desde el título, el autor hace especial hincapié en la influencia de la familia en el bebé, desde el momento mismo de su concepción, y la importancia que ésta tendrá en su crecimiento y desarrollo posterior.

Es decir, por humano, el bebé necesita de los otros para sobrevivir, y de la relación que establezca con ellos en sus primeros años, dependerá su futuro. Ésa es la clave principal, que se manifiesta en multitud de etapas, escenas o simples detalles de cada día.

Pero ocurre que los padres, la familia, también son humanos, con la problemática que eso entraña: Padecen de miedos, confusión, ilusiones... Tienen ideas, tendencias personales, silencios, fantasías... En resumen, tienen deseos, insatisfechos, realizados o ignorados, que recaen también sobre el niño. Y éste percibe todo eso desde las primeras semanas de gestación.

Cada adulto ha sido niño antes, todos hemos sobrevivido a esa etapa de crecimiento intensivo, pero con diferencias en los resultados: hay humanos felices, desgraciados, libres, esclavos (en general, de sus propios pensamientos), hablantes, retraídos, valientes, miedosos... La calidad de vida no es la misma en todos los casos. Y eso depende, en gran medida, de cómo ha sido nuestra educación.

En un mundo globalizado y feroz como el actual, donde la competencia equivale a la lucha por la supervivencia, literalmente hablando, no podemos permitirnos el lujo de crear humanos débiles o temerosos, porque no sobrevivirían o lo harían precariamente..

Y las claves para lograrlo se muestran en este libro, cuya principal enseñanza es que somos seres eminentemente sociales, que necesitamos de los otros para vivir, y que toda nuestra riqueza son las relaciones que podamos establecer. Y esto, en el caso del recién nacido, es una cuestión vital.

Porque no es lo mismo vivir que un buen vivir.

Carmen Salamanca Gallego
Directora de la revista Las 2001 Noches

Capítulo 1

CADA NIÑO ES EL FUTURO

LOS OTROS

Una constante fundamental en la vida humana, la podemos denominar: Los otros.

El castellano tiene el término "prójimo", que proviene de prope, cerca, cuyo aumentativo es "propius", más cerca y el superlativo, próximus, cerquísimo.

El cachorro humano no sobrevive como tal, sin ese otro cuyo prototipo es la madre en sus funciones.

La relación primaria es de carácter antropológico: nace desnudo, sin protección pilosa contra el frío, regula deficientemente la temperatura y su homeostasis térmica.

Culturalmente debe ser abrigado, y esto representa un acto de iniciación en una ecología dirigida en la que se sumerge para sobrevivir.

Nace grávido sin mecanismos contra la gravidez, por lo que le es preciso un regazo; emite sin saber un sistema de señales, que requiere para ser leído un intérprete eficaz en sintonía con él.

Si queremos entender la situación, es importante no ceñirse a un pensamiento lineal, es decir, unidireccional.

Debemos tener en cuenta, que los participantes tienen grandes diferencias en su proceso de maduración en el momento del encuentro.

Por un lado está la madre, que se supone posee una personalidad madura, y en consecuencia es un ser social, en el amplio sentido del término.

Frente a ella el niño, es aun alguien indiferenciado que tiende a reaccionar como una unidad con ella, al menos hasta pasados los primeros meses.

Sus experiencias están reguladas por el afecto que recibe, y por eso las sensaciones emocionales actúan sobre la totalidad del pequeño humano.

Si bien, sólo se describen tales reacciones en el registro del cuerpo, quedan grabadas de modo que son posibles de descifrar en sus efectos, ya que el desarrollo y no sólo la patología y la fisiología del lactante, son básicamente físicas, psíquicas y sociales a la vez.

Y si pensar es una función tardía, resultado de la maduración; podemos decir que se procesan pensamientos conscientes e inconscientes al mismo tiempo, pero de tal manera que la llamada enfermedad psicosomática, es considerada la más primitiva.

Tanto es así la cuestión, que se ha llegado a decir, que si las diarreas y las enfermedades respiratorias, son estadísticamente más frecuentes en la infancia, es porque en esa época de la vida, las frustraciones son vividas con más frecuencia e intensidad.

En el devenir del pequeño encontramos dos situaciones cotidianas, a veces expresadas en términos extremos, que son por una parte el equilibrio orgánico, por ejemplo cuando duerme después de comer, y en otro polo, podemos ver a la misma persona en situación de máximo desequilibrio, en tensión, llorando, furioso por hambre.

Entre las dos posiciones hay variaciones y grados, y entre ambas se desarrolla la relación con el mundo. Allí ningún proceso del niño, debe ser entendido como individual, ya que en todos los casos se trata de efectos de las relaciones interpersonales..

Dichas controversias, pueden llegar a perturbar la situación de crecer y construir un humano adulto, hombre y mujer junto a otros.

Los humanos tienen la característica de que no se pueden ver a sí mismos, tampoco tienen conciencia de sí, y lo primero que perciben es a alguien similar a ellos.

Un semejante, es el primero que satisface sus necesidades; el primero que despierta su agresividad y su fuerza auxiliar.

De allí que sea el otro, donde los humanos aprenden a conocer y a reconocerse; a evaluar resultados de su percepción y elaborar conclusiones.

La complejidad perceptiva será nueva e incomparable, como por ejemplo, sus rasgos en la esfera visual; o cuando descubre sus propias manos en movimiento; y otras percepciones en sus semejantes que coincidirán en el sujeto con sus recuerdos asociados con historias de movimientos experimentados por él mismo, sean conscientes o inconscientes.

10

Igualmente sucederá cuando emita un grito, evocará el recuerdo de los primeros gritos y sus emociones dolorosas.

Cuando Freud escribió sobre el "complejo del semejante", se refería a la complejidad de ser humano, y lo señaló en dos aspectos, uno de los cuales es una estructura permanente que es inconsciente, mientras que la otra puede ser accesible mediante la actividad de la memoria.

Y a propósito de lo que estamos pensando, se me hacen presente unos versos de Dulce María Loynaz:

¡Una paz de
niño dormido se hará sobre la tierra!

LA LEY DE LA PLACENTA

La condición distintiva de un niño es su posibilidad de humanizarse; un proceso básico que se realiza por el lenguaje, al desarrollar su potencial en relaciones con los otros.

Nace en un estado de indefensión máxima y con eficiencia mínima, por lo que es imprescindible que se acople a una relación estrecha en registros absolutos; lo cual hace del humano una especie social. De la cercanía total en los comienzos de su vida, deberá construir su singularidad a través de un proceso de diferenciación, es decir, que deberá pasar de una dependencia total a una autonomía relativa.

A los fines pediátricos, tal como lo estableció el Dr. F. Escardó, aceptamos que hasta los seis años, la familia es para un niño un medio de individuación y posteriormente, de diferenciación y sociabilidad.

Psicológicamente, hay estudios que señalan cuatro etapas en dicho proceso.

1- La primera está constituida por el "sentimiento de seguridad", que se genera en los primeros vínculos, en los mecanismos del regazo; el contacto corporal y la comunicación gestual y sonora que tiene sentido en lo verbal; se trata de palabras que luego son frases, tonos, maneras y variadas formas del amor.

2- La segunda, es el "sentimiento de confianza"; que se construye en relación al adulto más cercano, en la confianza que un niño adquiere en su capacidad de desplazarse cuando abandona el regazo, y está en relación con la actitud de la madre si acepta las posibilidades de su hijo de ampliar experiencias espaciales y

13

motrices. Lo cual se puede observar en los progresos del niño en deambular, es decir, en los gestos corporales de desprenderse de la madre, y en tal caso, es fundamental diagnosticar si ella se conduce de manera ansiosa o no, frente a la aventura de indagar más allá de su regazo.

No solamente es importante, distinguir las peculiaridades psíquicas de la diferencia sexual anatómica, por una cuestión de género o para aplacar prejuicios, sino que hay padres y madres, según se trate de una hembra o un varón, muestran actitudes diferentes.

Por otra parte, si un niño o niña, en sus intentos de autonomía motora tropiezan, como es normal, si la madre reacciona con una alarma desmedida, a veces, el niño o la niña deja de intentar caminar o lo retoma seis meses después; en tales circunstancias, lo que ha sido dañado no es el sistema de la marcha sino el de la confianza.

3- La tercera etapa, es el "sentimiento de autoestima"; en un comienzo derivado de la relación con los adultos que lo rodean, y que progresivamente se va construyendo como propio, al entrar en juego otras relaciones que las familiares directas.

Sin embargo, dicho proceso puede ser retrasado o dañado por los adultos, cuando pretenden que los niños hagan todo perfecto, y adoptan una actitud de cuidados exagerados o no reconocen su capacidad de cambiar en su maduración bajo la frase: "Tú no sabes", situación que con el tiempo puede hacer estragos.

La aparente protección desmedida, es una de las más perjudiciales actitudes para la posterior autoestima.

4- El cuarto momento, trata del "sentimiento del valor de sí mismo"; fundado en el juicio personal y preciso, liberado de criterios ajenos y basado en una autonomía de la afectividad y el pensamiento.

En realidad, las etapas mencionadas no se cumplen cronológicamente, aunque en términos generales, puede decirse que en el tiempo llamado de gestación, es decir, en los primeros treinta y tres meses, dentro y fuera del útero, se hallan señales de una estrecha dependencia de progresiva disolución; de manera que de los dos a los cuatro años, vemos un tiempo que podemos llamar de individuación y socialización, únicos y parciales.

Destacamos dos tiempos, separados por la salida del útero. Cuando el niño/a sale es un momento que llamamos: "nacimiento ecológico", porque ingresa en un sistema diferente, sin perder su necesidad primaria de dependencia, pero con la posibilidad de convertirse en un ser autónomo, de manera que nacer señala el inicio de la investigación de su nuevo entorno.

Cuando sale del claustro materno, ya ha cumplido un proceso definido de individuación y diferenciación biológica.

Dicho proceso, se realiza bajo lo que se llama: "La ley de la placenta" como ley de vida que consiste, en que se cumplan las funciones del feto exactamente hasta el momento en que éste es capaz de cumplirlas por sí mismo.

Cada adquisición operativa del feto se correlaciona con la perdida de tal función de la placenta, hasta que cumplido el noveno mes ya no tiene nada que hacer, porque el feto de término puede hacerlo todo, una vez nacido a la vida aérea.

De allí que se diga que es más complejo nacer hipermaduro que prematuro.

Los padres, continuamente y durante muchos años, deben realizar un aprendizaje para retirarse a un segundo plano, en la medida que trascurren plazos y tiempos.

La ley de la placenta, es el modelo según el cual debe cumplirse la función de los padres en una familia.

El niño/a para atravesar la aventura de la vida, como dice el Dr. Miguel Menassa: entrega su vida para no morir.

16

EL JUEGO Y LA OMNIPOTENCIA DE LAS IDEAS

Si nos preguntáramos acerca de los motivos que impulsan al ejercicio de la magia, nos encontraríamos, sin duda, con los deseos humanos.

Nos quedaría la necesidad de admitir, que el hombre primitivo tenía una desmesurada confianza en el poder de sus deseos; como si todo lo que intentaba obtener por medios mágicos, sucedía porque él así lo quería y los dioses lo amaban.

Con respecto al niño, que se encuentra en condiciones psíquicas análogas pero no posee las mismas aptitudes motoras, debemos aceptar que comienza por conseguir para sus deseos, satisfacciones en el juego y la ensoñación.

El adulto primitivo encontró otros caminos, cuando a sus deseos se enlazaron impulsos motrices regulados por sus decisiones, que entrando al servicio de sus deseos fueron lo bastante fuertes para cambiar la faz de la Tierra, pero no sus maneras de vivir los afectos, de modo que el hombre ha progresado en su tecnología, pero no en sus sentimientos.

Los modos de satisfacción de los deseos, pueden ser equiparados al juego de los niños, que reemplazan las acciones en la realidad por otras situaciones lúdicas, imaginativas.

Si el juego y la representación imitativa alcanzan para el niño y el hombre primitivo, no es porque se conformen con poco ni por una resignación procedente de su impotencia real, sino por la razón de una secuela del exagerado valor que le atribuyen a sus deseos, y a la voluntad de la que dependen los caminos iniciados.

Con el tiempo se desplaza el acento psíquico, desde los motivos del acto mágico hasta sus medios o incluso hasta el acto mismo.

Tal vez sería más exacto decir, que son precisamente dichos medios los que revelan por primera vez, a los seres primitivos el exagerado valor que enlazan a sus actos psíquicos. Parecería entonces que fuese el acto mágico, el que impone la realización de lo deseado por su analogía con el mismo.

En la fase animista del pensamiento, no existe aun una oportunidad de evidenciar objetivamente la situación real, algo posible en fases ulteriores en las que continúan practicándose los mismos procedimientos, pero en los que comienza a surgir el fenómeno de la duda.

De manera que los humanos admiten, que de nada sirve invocar a los espíritus si no se tiene la fe suficiente, y que la fuerza mágica de la oración es ineficaz, si no es dictada por una piedad verdadera.

Como decía el Rey Claudio en Hamlet: " My words fly , my thoughts reamin below. Words whithout thougst never to heaven go ".

La posibilidad de una magia contagiosa, basada en la asociación por contigüidad, nos muestra que la valoración del deseo se ha extendido a todos los actos de la vida.

Y como los sentimientos no conocen distancias, pueden juntar en el mismo acto, situaciones alejadas en el tiempo como el mundo mágico y los sueños, que pueden tratar relaciones pasadas como si fueran actuales.

Quiero destacar que los dos principios de la asociación de ideas mágicas, es decir, la semejanza y la contigüidad encuentran su síntesis en una tercera unidad: el contacto.

Es decir: La asociación por contigüidad, equivale a un contacto directo.

La asociación por analogía, es un contacto en el sentido figurado del término.

La alternativa de designar con la misma palabra, las dos clases de asociación, indica la identidad del proceso psíquico.

Podemos decir entonces, que el principio que rige la magia, es decir, la técnica del pensamiento animista, es el de la "omnipotencia de las ideas".

Dicha expresión, fue tomada del tratamiento psicológico de alguien que manejaba una inteligencia muy aguda, y que refería con ella a aquellos singulares e inquietantes fenómenos, que parecían perseguirlo a él y a todos aquellos que padecían la misma situación.

Le alcanzaba con pensar en alguien, para encontrarlo inmediatamente o que lo llamara por teléfono o le enviara un mensaje como si lo hubiera invocado.

Si un día se le ocurría pedir noticias de alguien a quien no había visto hace tiempo, se enteraba de su muerte reciente, de manera que podía llegar a creer que dicha persona podía haber atraído telepáticamente su atención, y cuando maldecía acerca de alguien, sentía a partir de entonces un temor constante, de que algo malo pudiera sucederle y que era responsabilidad suya.

En relación a la generalidad de tales casos, es posible observar que al producirse la engañosa apariencia del cumplimiento de sus fantasías y deseos, tales sujetos le añaden sus particularidades para dar más poder a sus supersticiosos temores.

De manera que encuentran, en casi todos los casos, sumamente inquietantes las noticias e impresiones que tienden a la apariencia de confirmar la efectividad de la omnipotencia de sus ideas y deseos, junto a sus pensamientos animistas y mágicos.

SIEMPRE LE PASA ALGO...

En los síntomas de los niños, podemos ver unas situaciones u otras, según pensemos la cuestión; por ejemplo, si miramos las condiciones emocionales, veríamos unas condiciones u otras, nos podríamos detener en la "actitud familiar y sus circunstancias" o no. En cualquier caso, podría tratarse de hechos conscientes o todo lo contrario, en que los participantes podrían saberlo sin saberlo.

En el niño pequeño, y aun en el mayor, no se trata de expresiones que pueden verbalizar y expresar adecuadamente sino de síntomas físicos concretos, digamos en la relación con sus padres, que se manifiestan desde los primeros momentos de la vida tanto en la técnica de dar el pecho o el biberón, como en los contactos corporales, como por ejemplo, en el acto del baño, las caricias, las miradas, las palabras y fonemas de la comunicación, el cambio de pañales etc.

En lo dicho, no debemos obviar la figura del padre porque añade un factor importante, ya que en el conjunto del fenómeno, la estructura afectiva de la pareja, en todos sus registros, tiene un significado muy importante; una madre con tendencia a sentirse abandonada o que no se sienta deseada, puede producir un hijo con tales marcas en su manera de ser.

Las parejas de los viajantes de comercio, marinos, pilotos de aviación, etc. suelen requerir una especial atención.

De cualquier manera, recordemos que en la valoración de la actitud afectiva familiar, debería considerar el cómo y no tanto el cuánto.

Es decir, se puede estar físicamente muchas horas junto a

un niño, y a pesar de ello puede sentir un alto grado de abandono afectivo.

Por supuesto que también están los llamados abandonos traumáticos, producidos por muertes o divorcios conflictivos, que en muchos casos no se procesan con los hijos de manera saludable.

Entre los duelos previsibles, está el de la pérdida de los abuelos, que es un elemento a tener en cuenta, en la evaluación de las situaciones vitales por las que pasará un niño.

Hay una situación singular que se denomina "abandonismo cronológico", y es el que puede padecer el primer hijo, cuando la madre se embaraza de nuevo antes de que él haya superado su período formativo inicial, es decir, cuando aun no alcanzó los veinticuatro meses de vida.

Los síntomas suelen parecer muy desconcertantes, si no se está atento a las circunstancias, las que con frecuencia reconoce el niño aun antes que la madre.

Unas veces por distracciones, y otras por la necesidad de atenderse ella misma y su embarazo, a medida que avanza la nueva gestación.

A veces, la madre no acepta del todo la situación, e incluso la siente con cierta angustia, y es un estado que el primer hijo o hija percibe, aunque no sea consciente de ello.

En otros casos, en que la situación es en apariencia racionalmente aceptada, puede darse un cierto rechazo proyectado sobre el niño presente.

Sea como la realidad o los mecanismos que la producen, la verdad es que en la infancia o la adolescencia de aquellos que padecen una neurosis de abandono, se pueden detectar manifestaciones somáticas y de comportamientos múltiples y proteicos, que en general no se resuelven hasta que son tratados.

En casi todos los ordenes de la vida, hay casos extremos y otros de formas menos destacada pero reconocibles, que se manifiestan bajo diferentes máscaras; como puede ser la prolongación de una enfermedad que no se acaba de curar, o es interferida por repetidas complicaciones e infecciones reiteradas, o en niños que son hospitalizados y cuando regresan al hogar vuelven a recaer y es aparentemente inexplicable.

Las formas leves del abandonismo, escapan a cualquier descripción sistemática, y solamente pueden ser reconocidas por medio de un cuidadoso estudio biográfico.

Lo característico del sujeto que estamos describiendo, no es la enfermedad que padece, sino el hecho de estar enfermo. En el caso de los adultos, son enfermedades que en sí mismas "no matan", pero incapacitan.

Las madres suelen exponerlo gráficamente cuando dicen: "El chico no tienen nada grave, pero siempre le pasa algo".

Se trata de un fenómeno conocido como la "mutación de síntomas".

El niño lleva una vida bastante "normal" pero no está sano, y de manera general se muestra extremadamente sensible a los cambios de contexto, como puede ser de cuna, de habitación, de casa o de colegio, o expresa una patología turbulenta frente a los viajes o las vacaciones.

Se trata de niños que sufren accidentes repetidamente, con episodios llamativos de caídas, golpes, fracturas, quemaduras, es decir, situaciones descontroladas, violentas en ocasiones, que se manifiestan en el elemento más débil del conjunto.

LA AMNESIA INFANTIL

La llamada Amnesia Infantil, en realidad es un tema que atañe a niños, adolescentes y también a adultos, en relación a los recuerdos de los primeros años.

Nos podemos preguntar: ¿ Hasta qué punto de la niñez alcanzan los recuerdos que conservamos?

Es necesario considerar importantes diferencias individuales, ya que de hecho en algunas personas, el primer recuerdo infantil puede corresponder a la edad de seis meses, mientras otros no recuerdan nada de su vida anterior a dicho momento y en algunos casos, los recuerdos recién comienzan a los ocho años.

Ahora bien: De qué dependen tales diferencias y cual sería su sentido?

Para responder a dicho interrogante, no alcanza con reunir material de investigación, sino que es precisa la colaboración de los protagonistas.

Tal vez miramos con excesiva indiferencia, la cuestión de la amnesia infantil, es decir, la pérdida de los recuerdos correspondientes a los primeros años de vida, y no nos ocupamos suficientemente de desentrañar tales experiencias.

Los adultos normalmente no nos damos cuenta, de los importantes trabajos intelectuales y las complejas emociones de las que son capaces los niños, y por eso no nos llama la atención, el hecho de que la memoria consciente de los años posteriores, haya conservado, aparentemente, tan pocos elementos de tales procesos.

Lo más probable es que no veamos, que existen poderosas razones para no admitir, que esas actividades infantiles olvidadas, no han desaparecido sin dejar huellas, sino que por el contrario, han ejercido una influencia determinante en el desarrollo del carácter y la personalidad.

Sin embargo, han sido olvidadas, a pesar de su eficacia, y tal hecho indica la existencia de condiciones especiales del recuerdo.

Incluso es posible que tales olvidos de nuestra niñez, nos puedan brindar claves para la comprensión de aquellas amnesias, que se encuentran en la base de la formación de nuestras dificultades para el amor y el trabajo.

Entre los recuerdos infantiles que conservamos, hay unos que comprendemos con facilidad y otros que nos parecen extraños e ininteligibles.

No es difícil encontrar en ambos tipos de recuerdos, algunas distorsiones de la memoria; y aunque algunas imágenes puedan aparecer incompletas o desplazadas temporalmente, eso no les resta importancia.

En un examen detenido de tales recuerdos, suele ser posible encontrar motivaciones que pudieran impulsar a la desfiguración temporal y espacial de los sucesos recordados.

Los supuestos errores, no son nemotécnicos, sino que corresponden a fuerzas de tiempos posteriores a los hechos, que probablemente hayan contribuido a dificultar la comprensión de los primeros años de nuestra vida.

LO ESENCIAL ES INVISIBLE A LOS OJOS

Con frecuencia una situación tratada como un problema de conducta de un niño, frente a la comida, el sueño o los estudios, es solamente el efecto de aplicarle pautas, que tal vez, hayan sido útiles para los padres cuando eran pequeños. Deberíamos partir del supuesto, de que cada niño es una experiencia inédita. Como dijo Antoine de Saint-Exupéry, en su libro "El Principito": Lo esencial es invisible a los ojos.

Es fundamental, construir una actitud adecuada en los padres y también, en los profesionales que se dedican a establecer diagnósticos situacionales, que encuentran a diario, por ejemplo, casos de supuestos retrasos escolares, que son tratados como presuntos déficit de atención, y que podrían ser corregibles, si se interpreta adecuadamente la encrucijada vital.

Además, puede ser que sean necesarios estudios psicológicos, y apoyos de análisis de laboratorios y controles neurológicos, llegado el caso, pero eso no quita que le podamos sumar el hecho de reconocer que en cada niño, es importante distinguir la presencia de modos de reacción a las situaciones, y es lo que se podría tomar en cuenta para distinguir lo que le sucede al niño frente a las imposiciones familiares, culturales o pedagógicas.

Los niños son presentados bajo la máscara de sus dolencias, y por ello debemos tener una visión más general, de modo que la clínica de la infancia podría dejar de ser fáctica y convertirse en situacional.

La traducción clínica de la ansiedad, no es fundamentalmente distinta de la del abandonismo, ya que una fiebre, sin motivo aparente, puede ser una manifestación que responda a diferentes motivos, entre ellos situaciones familiares que abarque a varias personas en la escena.

Sobre todo si su acción tiende a volverse crónica y nos encontramos con cambios de síntomas unos detrás de otros.

Y a pesar de que se pueden prolongar en el tiempo o presentar diversas apariencias, los síntomas generados por ansiedad, son más sensibles a la terapéutica que los que derivan del abandonismo.

Se conocen casos de asma infantil, curados en pocas sesiones, si se ha tenido la actitud adecuada en las entrevistas, al hacerse cargo de interpretar y señalar en la relación la ansiedad del grupo.

Un efecto semejante lo encontramos en las intervenciones quirúrgicas que presentan una mejoría aparente, en la medida en que se pueden convertir en un vehículo de elaboración de la ansiedad, como suele observarse en las intervenciones de amígdalas, de apendicitis, convulsiones o alergias sin motivaciones físicas.

De ninguna manera, se debería plantear a un niño como una unidad estática y separada del conjunto al que pertenece, ya que su evolución está enraizada con su historia, y su maduración tiene puntos de desarrollo ligados a su salud y a su enfermedad, de modo que un lactante con problemas de piel, puede presentar luego otras dificultades como el asma o el vómito crónico.

Con lo que se suele encontrar el especialista, en principio, es con la manifestación de una versión somatizada de una distorsión afectiva; en consecuencia un tratamiento sintomático exclusivamente, puede mantener la situación tal y como estaba.

La medicina clásica ya lo había observado, al enunciar que el eczema del lactante se transformaba con frecuencia en asma; más adelante se pudo concebir que lo que cambiaba era el órgano de expresión pero que el fenómeno permanecía, que modo que se llegó a decir que el eczema es el asma de la piel.

Es decir, que se trata del reconocimiento de una complejidad y no de una reducción convencional de estados complejos.

LA AVENTURA DE RESPIRAR

Respirar es una acción, totalmente novedosa cuando nacemos, y sin embargo, las gentes lo hacen con naturalidad sin darse cuenta, que los humanos, todo lo debemos aprender.

El tema de la respiración, ha medida que se va desarrollando la vida, va tomando un lugar muy destacado, sobre todo para los habitantes de las grandes ciudades, que en muchos casos, el aire presenta elevados índices de contaminación, y además, si la personas practican algún deporte, deben volver a aprender a respirar con ritmo.

Es decir, desde que nacemos, hay un hecho impostergable que no se puede delegar, y se trata de que al salir del útero un niño debe respirar por sus propios medios.

Hasta tal momento, ha recibido oxígeno y todo lo demás, sin zona alguna de interacción.

Según su ley, la placenta ha cumplido la función respiratoria hasta el momento en que el niño puede y debe hacerlo.

Entre ambas situaciones, se intercala un período singular en el que durante el parto, el niño en el transito de feto a recién nacido, puede tolerar un breve lapso de tiempo sin respirar que resultaría mortal para un recién nacido.

Sin embargo, aunque nos hayamos habituados a insistir en que el elemento esencial del juego respiratorio es el oxígeno, dicho comentario es una simplificación del tema, ya que lo que se respira es aire, y la especificación es importante.

En cada inspiración se acarrea casi un 79% de nitrógeno, el cual se ha llamado gas inerte, lo cual de manera parcial podemos considerar cierto.

El nitrógeno representa el freno del oxígeno, ya que en una atmósfera de oxígeno puro la vida es imposible por la hiper-combustión, y además, es necesario para el óptimo mantenimiento de las presiones gaseosas y sus consecuencias.

Cuando el niño sale del útero materno, está obligado a respirar por sí mismo, y lo debe hacer debido a una extrema aportación deficitaria de oxígeno a los tejidos.

El dióxido de carbono (CO_2) acumulado en los tejidos y en la sangre, desata por un proceso químico y neurológico, la acción del reflejo respiratorio primordial, que se establece definitivamente como un movimiento necesario, cuyo componente muscular tarda un tiempo en organizarse.

Además, en un principio, el fuelle es principalmente abdominal, es decir, diafragmático y suele disociarse del torácico, menos potente y tardío.

Es significativo, que tal disociación reaparezca en la vida ulterior en el fenómeno del sollozo, cuando el sujeto retorna a un trance emocional primario, sobre el que se configuran situaciones reconocibles en un entramado del cuerpo y los afectos.

La respiración como provisión de masa gaseosa, se constituye en una constante de modo que el ser vivo, es fisiológicamente dependiente del aire.

La repetición en el curso de la vida de dificultades en tal registro, posee, sin duda, un contexto emocional determinado: el miedo, que puede alcanzar límites extremos.

La respiración está también íntimamente vinculada a las capacidades expresivas en manifestaciones como el suspiro, el llanto, el grito, el alarido o la risa, tan importantes en la economía afectiva.

En el desarrollo de sus primeras situaciones emocionales, el pequeño humano padece normalmente experiencias relativas a la falta de oxígeno, y puede decirse que llega a jugar a aumentar y a disminuir su deuda de oxígeno.

Si recibe atención inmediata, el ciclo se cumple dentro de los límites de la tolerancia, y el pequeño recibe la satisfacción y la seguridad demandada; si no sucede así, puede alcanzar estados de miedo y llanto, que pueden llevarlo a situaciones de angustia o dificultades en la respiración.

Recordemos que con la primera respiración el bebé llora, y allí se instala la simultaneidad asociativa de respiración y llanto, ya que al llorar se escucha a sí mismo por primera vez, al tiempo que es oído por otro.

Con tal respuesta, sin saberlo, intenta modificar su relación con el medio y de hecho lo consigue, y se constituye en su propio medio, en cuanto se escucha a sí mismo y es todo un descubrimiento.

Si es atendido, y si se produce en la madre la actitud tierna esperada, entonces el llanto, es decir, la aspiración sonora, se convierte en un recurso útil para conseguir que la atención del medio se centre en él.

La reiteración del antes y el después del llanto y su resultado, señala una experiencia inolvidable; ya que si no es atendido puede alcanzar el límite de la falta de oxígeno, que representa el sustrato del miedo pudiendo llegar al terror.

Si por una repetición de experiencias, el niño sólo es atendido en el límite, se organizan precedentes críticos, que pueden derivar en un conjunto de síntomas sucesivos: espasmos de sollozos, situaciones asmáticas, etc., condicionadas por reclamos de seguridad, que si se mantienen, inducen a situaciones de riesgo, que evocan a una definición primaria del miedo:" una reacción ante cualquier amenaza a la integridad de un sujeto".

UNA NUEVA SITUACIÓN ECOLÓGICA

Desde el momento del nacimiento, con la salida del útero materno, la dependencia extrema no cesa sino que el niño cambia de ambiente y de circunstancias.

En el nuevo espacio se cumplirá la gestación fuera del cuerpo físico de la madre, continúa atendido por ella, aunque el pequeño deberá enfrentarse a una nueva situación ecológica. Hay autores que denominan a dicha circunstancia: "el principio de la existencia comunal"; que si bien no es otra cosa que un lugar común de la biología, resulta útil como referencia social. Es decir: los seres vivos no sobreviven si se los separa de su entorno necesario.

Con la intención de precisar las nociones mencionadas, recordaré algunos principios de la ecología y son los siguientes:

1- "Principio de la dependencia"; alude al hecho de que todo organismo depende de múltiples formas vivas, necesarias para su supervivencia, por lo tanto la dependencia lejos de ser unilateral, genera circuitos y el niño/a mismo, entra a formar parte de su propio medio.

2- "Principio de la limitación"; es una noción que señala que todo organismo alcanza un límite de crecimiento, aunque no todos alcanzan sus límites posibles.

3- "Principio de la multiplicidad"; es decir, que la capacidad de factores de influencia es mayor de lo que normalmente pueda imaginarse.

Cuando un niño nace, cae bajo los efectos de las constantes de su identidad.

En principio inaugura su nombre propio, que por otra parte

lo precedía, y desemboca directamente a través de él en su familia, sobre todo cuando se trata de nombres con tradición en el grupo, y por la nominación cae en la cultura y la sociedad.

El lenguaje no ingresa en los humanos poco a poco, sino que cuando lo hace es con todos sus componentes, y aunque no lo controle, el pequeño juega con él hasta crecer.

El marco de las constantes simbólicas, actúa en un entorno determinado y concreto como son: el aire que respira, el contacto simbiótico con las bacterias y los hongos, la ley de la gravedad, las personas y las circunstancias, y además el ritmo circadiano, es decir, la vida en sus ciclos alternativos, como el sueño y la vigilia, la alimentación y el juego, etc.

Cualquier acontecer actúa sobre las otras instancias, es decir, que se trata de un sistema interdependiente que se modifica con la introducción de nuevos elementos.

Mencionemos un ejemplo, como puede ser la sensación de abandono, que se manifiesta en un llanto inmediato.

El llanto, es un fenómeno respiratorio en espiración, que al aumentar la deuda de oxígeno, puede producir una situación que lleve al límite de la asfixia, de la que el pequeño se defiende con movimientos desordenados o desesperados para recuperar la respiración; y que además tiene la intención de atraer la atención de los adultos con la finalidad de que cese la sensación de desamparo.

Hay un ejemplo interesante que es el asma infantil; que inicialmente es un fenómeno emocional en el que, psíquicamente hablando, está implicada la madre, sin que sea culpable sino que pertenece a una zaga familiar determinada.

El asma infantil, se manifiesta en términos de oposición o de pugnas entre tendencias: querer y no querer respirar, querer y/o no querer que respire, las cuales se manifiestan en la constante preocupación de si están vivos o muertos cuando duermen.

Cualquier estudio atento ha observado a bebés que reaccionan con un llanto intenso a determinados cambios en la voz materna.

Los especialistas en audio y en fonación y los antropólogos, han comprobado que el llanto de un bebé, corresponde musicalmente al idioma adulto del medio en que han nacido; de manera que es como si dijéramos que un bebé inglés llora en inglés.

Si recordamos los estudios clásicos, tenemos el de M. Mead, que señala que en su primer viaje a Samoa, registró el llanto de los bebés sistematizando sus tonalidades.

Cuando varias décadas después, volvió a los mismos lugares, encontró en los nuevos bebés, que se habían introducido en el llanto otras inflexiones y sonidos diferentes, que según los especialistas correspondían a matices de instrumentos y máquinas que no estaban anteriormente.

Otro mecanismo de comunicación profunda, es el "movimiento pasivo tranquilizador" del acto de acunar, que se halla condicionado a la constitución de un sistema antigravitatorio efectivo, que determina la seguridad física ante la posibilidad de una caída.

El REGAZO MATERNO

Hay un factor que debemos destacar en los procesos de constitución de los humanos: el tema del regazo.

El regazo materno, es un ejemplo fundamental del desarrollo y las maneras del crecimiento, y también es una noción que representa algo más que el hecho corporal.

En principio, señalamos tres elementos que colaboran a que el regazo, en sentido amplio, sea un continente óptimo:

1- La gradual adaptación del esquema corporal de la madre, durante el tiempo del embarazo.

2- La percepción agudizada de las variaciones del centro de gravedad que la madre percibe.

3- La posibilidad elástica de adaptarse a los cambios de peso que incluyen al bebé.

Tales situaciones nos llevan a la necesidad de plantearnos, la fisiología, psicología y patología del regazo.

El recién nacido, viene de un mundo singular, digamos líquido, y a la vez del sistema cerrado de la bolsa placentaria; además no posee ningún mecanismo de resistencia al efecto de la gravedad, que desde que nace debe padecer como una constante definida, para la cual no existe ningún reflejo natural que responda o que lo procese o desarrolle.

El tono muscular de los recién nacidos es en general bajo, y la postura de los segmentos corporales que padecen el efecto de la gravitación, es decir, brazos, piernas, tronco, cabeza y el cuerpo en su totalidad, sencillamente caen.

Entre el segundo y el cuarto día de vida en el exterior, en los casos normales se puede observar un cierto tono antigravitatorio mínimo, que revela un reconocimiento primario del sistema músculo-articular a la atracción terrestre.

Cabe preguntarse entonces:

¿Cómo se las arregla un bebé, carente de mecanismos antigravitatorios automáticos, para contrarrestar el efecto de la gravedad? La función se cumple, gracias a un delicado sistema cuyo mérito no ha sido suficientemente reconocido: el regazo materno estructurado por los brazos y el tronco, además de una determinada postura durante el embarazo, para mantener su posición de manera eficaz de acuerdo al centro de gravedad percibido por ella misma. Digo que se constituye tal situación, por un sistema intermediario elástico que aporta la madre, entre el niño y la atracción terrestre.

O dicho de manera directa: la madre provee al bebé de los soportes arquitectónicos contra la gravedad, de los cuales no está provisto por su naturaleza biológica, es decir, es un paso trascendental en su proceso de humanización.

Si tenemos en cuenta, que la posición condiciona la postura hasta el grado de que sin haber obtenido el esquema corporal de una posición, no puede mantener una postura eficaz, tenemos que considerar para apreciar el valor de lo que estamos señalando, que las nociones de postura y de actitud, debemos pensarlas como sinónimos, para plantearnos entonces la siguiente situación.

¿Cómo puede el recién nacido, adoptar la postura adecuada para ejercer la función vital de prenderse al pecho, si carece de posición propia?

La respuesta es clara: no puede.

Sin embargo puede, si la madre por medio del regazo, le construye la posición eficaz necesaria.

Con tal intención, el regazo ha de ser "blando", en el sentido de intermediario elástico que evite al bebé toda sensación de posible caída, y ha de ser suficiente, es decir que ha de proporcionarle una posición adecuada a la correcta colocación que el hecho de mamar precisa.

Si la posición del niño/a dentro del regazo no es cómoda, tendrá grandes dificultades para adoptar la actitud que le exige la implantación al seno.

Cuando la situación es como la acabamos de describir, el lactante echa la cabeza para atrás, se niega a prenderse del pecho y llora.

Se trata de una situación crucial en la que hay que distinguir

38

lo que sucede, sin confundir causas biológicas con emocionales. Cualquier distorsión al evaluar lo mencionado da lugar a un diagnóstico erróneo, y puede traer consecuencias no deseadas.

Si la situación se repite, las reacciones vasculares de la cara determinan una obstrucción nasal, que algunos especialistas interpretan como la causa de la no implantación, cuando en realidad es su efecto.

Otro ángulo a considerar, es que si el malestar en la posición y en la postura persisten, lo que suele pasar es que el bebé se defiende de la angustia cayendo en el refugio del sueño y se duerme en el pecho.

La patología del regazo, es un proceso emocional, sin dudas, donde el niño representa en sus síntomas, la relación que debemos descifrar.

Estas cosas suceden de tal manera, que un día cualquiera, no sería nada extraño que alguien le diga a su madre: voy a consultar a un psicoanalista, y tampoco sería raro que ella responda: "seguro que te van a decir que la culpa de lo que te pasa es de tu madre".

Por supuesto que es una simplificación excesiva y además, no se trata de encontrar culpables, lo cual no nos evita que la madre en algún lugar de su corazón, piense que tal vez, algo no hizo del todo adecuadamente o se equivocó en algún punto de la educación de su niño/a.

Por otra parte, si el especialista se atiene a un punto de vista exclusivamente organicista, y mira al niño/a como una entidad aislada, está tratando la cuestión solamente desde el punto de mira de los síntomas, que son efectos y no causas.

Es decir, para la obstrucción nasal, índica gotas, que en realidad aumentan el traumatismo, interpretando la conducta motriz como nerviosidad común, y en algunas ocasiones mandan calmantes, que en realidad pueden tranquilizar y confundir la conciencia de la madre y el niño.

Quizá deban indicar sesiones de terapia para la madre y la pareja, y en lo posible evitar fármacos, es decir, drogas legales, por estar bajo presión para solucionar situaciones de agobio familiar.

EL REGAZO EMOCIONAL

El regazo físico, es un instrumento que materializa la relación del vínculo entre madre e hijo/ a, por medio del cual el pequeño/ a construye su sentido de la seguridad; contiene elementos de proximidad como el calor, turgencia y olor, que añadiendo un matiz hedónico a la relación, lo integra como un "regazo emocional", que mantiene su valor cuando las sucesivas experiencias de destete producen la separación física.

La seguridad emocional, es tan necesaria para la buena evolución de la capacidad de procesar la gravedad para el niño, como la seguridad mecánica contra la caída, de manera que cuando el niño alcanza la posibilidad del gateo en cualquiera de sus formas, se produce un alejamiento corporal y el inicio de la relación vocal-auditiva.

Es el tiempo de los "no" maternos, ya que si son usados de manera ansiosa o agresiva, convierten en conflictos las experiencias exploratorias del bebé.

Cuando la ansiedad de la madre o la ausencia del padre dificultan el gateo, lo acotan con el uso de espacios estrictamente limitados o lo sujetan a repetidas restricciones, y consecuencias sobre el esquema corporal y la evolución erótico-sexual.

En el gateo, las experiencias del aprendizaje con la gravedad son limitadas, y dicho período corresponde principalmente a la conquista del sentido espacial, y en verdad los problemas con la gravedad, surgen en el momento de deambular.

La historias clínicas registran frecuentemente tales hechos cuando señalan: "El niño comienza a deambular a los doce meses, se cae y deja de intentarlo hasta los dieciocho o veinte meses".

En los casos más llamativos, después de las primeras caídas, el niño acepta caminar con la ayuda afectiva de la madre, aunque no sea tocando más que levemente por sus dedos, hecho que claramente es insuficiente físicamente, para servirle de apoyo.

Es preciso puntualizar el significado del dato: "Sufrir una caída", ya que todos los niños se caen en los primeros intentos; lo que sucede es que la madre le dio a la primera caída una gran trascendencia, dándole categoría de accidente y concurriendo ansiosamente a tratar al niño de un presunto traumatismo, que en realidad, no ha sufrido.

Lo que ha fallado en el caso mencionado, es el regazo emocional, transformándose en un elemento de inseguridad, dando ocasión a un sentimiento de falta de protección contra la gravedad, que dificulta un esquema corporal positivo.

Para comprender la importancia de esa disfunción, veamos un ejemplo: En la posición erecta interviene de manera decisiva el factor cortical, la subordinación y dependencia que resultan de la sobreprotección, determinan la aparente debilidad del tono postural, que debilita o impide la formación suficiente del arco plantar, última adquisición madurativa del tono postural de la posición erecta.

Por ejemplo, el llamado "pie plano", podemos decir que es una dificultad en la constitución de la personalidad, es decir, del proceso de individuación, íntimamente unido a la maduración y a conseguir un equilibrio físico; de allí que se pueda decir que el "pie plano" es un tema fisiológico que no debe considerarse hasta después de los cuatro o cinco años. Las medidas ortopédicas que intentan corregirlo anteriormente, no hacen más que acentuar la pasividad.

Lo cierto es solo después de la adolescencia, puede decirse que se presenta el "pie plano" y sus consecuencias mecánicas como efecto del desarrollo.

Otras secuelas de la falla del regazo, tanto físico como emocional, es la facilidad reiterada para los golpes y las caídas, la torpeza en el uso de las piernas o para los deportes o el baile, y también el vértigo al asomarse desde lugares altos, como correlato fóbico del miedo a la caída, o los desmayos, aparentemente, sin explicación.

Además de los casos mencionados, hay otro registro del regazo, que se manifiesta en relación a los objetos inanimados, que representan elementos importantes para el niño en su mundo: la cuna, después la cama, y su habitación.

La experiencia cotidiana, hace que el niño pase del regazo

materno a esos objetos que actúan como continentes y tienen su parte en la constitución del sistema de seguridad.

Un gran porcentaje de niños, se presentan sensibles al respecto de lo que estamos hablando y reaccionan de manera llamativa a los cambios de entorno, a viajes o mudanzas, o bien al simple y complejo cambio de la cuna a la cama.

Situaciones que a veces desencadenan o intervienen, en el surgimiento de síntomas varios como son los temores a los medios de transporte, el automóvil y otros.

También suelen verse casos de reacciones, de rechazos a cambios por mínimos que sean, de condiciones exteriores y que actúan sobre el organismo, incluso dando lugar a reacciones fóbicas a determinadas habitaciones de la casa, y suele verse dicha reacción temerosa cuando hay que acudir a la consulta de un profesional.

LA LEY DE LA GRAVEDAD Y EL AMOR

Siempre me llamó la atención, la universalidad de la ley de la gravedad, y el proceso de los humanos para alcanzar la posición erecta, un proceso complejo, sin dudas.

También despertó mi inquietud, el hecho de que muchos libros sobre niños no destacan el asunto, como una constante fundamental.

Desde luego que lo es, y además desde el momento del nacimiento e incluso antes en algunos casos, como por ejemplo, en los partos horizontales con la bolsa rota artificialmente.

Podemos decir entonces, que el desarrollo de la infancia está condicionada constantemente por dicha ley física.

A un niño le lleva unos catorce años adquirir una postura erecta eficaz y constante, sin embargo, aun alcanzado dicho grado de madurez, el equilibrio bípedo es siempre precario y se halla sometido a constantes alternancias.

Podemos afirmar que hasta el punto que el 90% de la población, a todas las edades, padecen en mayor o menor medida, algún tipo de patología mecánica vertebral, que los tratamientos ortopédicos y fisioterapéuticos intentan encontrar alivio.

Por otra parte, durante el curso de la vida, hombres y mujeres, intentan paliar dichos efectos, ya sea mediante cirugía o gimnasia, para disimular o alargar los efectos de lo que cae del cuerpo por la ley de la gravedad, sea lo que sea que ustedes imaginen.

Tan introducido está el tema en las sociedades llamadas avanzadas, que se convirtió en moda incluso, cambiar la anatomía antes de su pleno desarrollo, llegando al extremo de pedir como regalo de cumpleaños, una intervención quirúrgica sobre los senos, y luego por los efectos de la gravedad y los años, intentan volver a estados anteriores y a donde vuelven es al quirófano, sin conseguirlo.

Retomando la cuestión del crecimiento, recordemos que en la posición de pie, la estabilidad se logra por la fijación a los tobillos, gracias a la acción de los músculos de las pantorrillas, y en especial de un músculo profundo que tiene la originalidad anatómica de poseer una aponeurosis, es decir una membrana de tejido que sirve de envoltura dentro de su propia masa.

A nivel de la cadera, la fijación se hace a través de los ligamentos, y en la columna parcialmente por la acción de los músculos sacro-espinales.

La postura final resulta, no solamente de un acuerdo sinérgico muscular, sino del efecto de la organización ligamentosa.

Cuando se producen desplazamientos zonales, es decir, de posturas durante el embarazo, los músculos se limitan concluido el movimiento, a actuar como riendas contra la gravedad.

La creciente presencia del feto en el vientre materno, determina relaciones específicas de la madre con la gravedad, que tendrán lógicamente efectos sobre la relación madre-hijo.

En la medida que el útero se mueve hacia la pared anterior del abdomen, la cabeza y el tronco de la grávida se desplazan hacia atrás, con la consiguiente percepción de sí misma en el cambio paulatino del centro de gravedad, y la correlativa modificación transitoria del esquema corporal.

La vértebras cervicales, adoptan en conjunto una posición relativamente recta y correspondientemente fija, y a la vez la columna dorsal se hace convexa hacia atrás, lo que determina una cierta modificación postural lumbar compensatoria.

El conjunto configura la actitud denominada: La altivez de la grávida".

Cuando el niño nace, la madre se encuentra bruscamente liberada de una mecánica gravitatoria- postural, para la que todo su sistema ligamentoso, se ha preparado progresivamente durante el embarazo.

Tal situación fue posible, gracias a un efecto hormonal que actuando sobre los ligamentos, les proporciona una singular elasticidad y relajación.

En algunos mamíferos ha podido ser diferenciada una hormona de origen ovárico, a la que se ha dado el nombre de "relaxina", que no aparece de manera precisa en la mujer, para la cual algunos investigadores, aceptan la existencia de un efecto "relaxina", producido por la progesterona.

Clínicamente los ligamentos de la embarazada, experimentan un notable relajamiento de una utilidad precisa en el mecanismo óseo del parto.

Dicha capacidad de relajación, no desaparece de inmediato con el nacimiento del niño; en realidad retrocede paulatinamente como lo muestran los dolores articulares que en las caderas, en la región lumbar y la pelvis presentan muchas madres.

En general, el dispositivo ligamentoso, provee a la madre una especial capacidad para sostener al niño en brazos, sin mayores esfuerzos de adaptación.

El trabajo clínico, sobretodo al realizarse con un adulto que habla, la madre, y un bebé que no habla, consiste en descifrar y comprender los casos que se presentan, atender sus circunstancias y poder actuar sobre ellas.

Nos puede servir como ilustración , la organización del acto de amamantar.

Un aspecto fundamental de tal momento, es el tono muscular, activo y básico en el dispositivo succionador del bebé: es decir, en el reflejo sostenido, en la secuencia de la necesidad de alimentación basado en la implantación, búsqueda, prensión, succión bucal, respiración alternante, en definitiva, el aprendizaje de reconocer la percepción del hambre como tal.

Todo ello enmarcado en una situación concreta: como norma la madre coloca directamente el pezón en la boca y deprime la redondez del seno para facilitar mecánicamente la respiración nasal del niño.

Es importante destacar el hecho de que la madre, por la evidente cercanía afectiva, reconoce el hambre del hijo/ a, y en consecuencia muestra una actitud tierna.

Es decir, adopta una adecuación tronco-postural y provee un regazo antigravitatorio eficaz, participa en la formación de un esquema corporal unitario que incluye a ambos protagonistas, en un movimiento de gratificación mutua y recíproca, que da lugar a producir una situación de satisfacción y equilibrio.

También está el llanto o la inquietud, como una señal emitida por el niño; y la capacidad de empatía de la madre en traducir los mensajes, lo cual contribuye a constituir el vínculo y la aceptación de la lactancia, como un hecho afectivamente activo por ambas partes.

Aun cuando sea posible reconocer la presencia dominante de un aspecto u otro, es necesario encarar la situación de manera global, digamos que el conjunto es la realidad a investigar, y la alteración de cualquier factor, repercute sobre la situación.

En el trance que mencionamos, el niño puede reaccionar de diferentes maneras, como pueden ser: la negativa a implantarse en el pezón, fiebre inexplicable, vómitos, llantos violentos, diarrea, insomnio nocturno por hambre, gases cólicos, retiro somnoliento, etc., como maneras reactivas de defensa.

Frente a tales circunstancias, es fundamental no recurrir a respuestas médicas o psicológicas, solamente físicas e intervenir con medicamentos, ya que en tal caso, el especialista se queda fuera de la situación aunque intente arreglarla, y no constituye con la familia en cuestión la unidad existencial, que es la condición básica de un tratamiento eficaz y adecuado a la situación.

En tal sentido, hay un instrumento de trabajo que es la "entrevista psicológica", que busca no solamente los hechos que la madre pueda referir, sino también, la evaluación afectiva de cómo tales circunstancias afectan al estilo y calidad de vida de una familia.

Si nos limitamos a los síntomas, es decir, a lo que no funciona correctamente, el niño tenderá a encauzar sus conflictos hacia otras manifestaciones físicas, como pueden ser: problemas de garganta, una enuresis, un temor nocturno cualquiera ya sea a una sombra o a la soledad, una tos compulsiva incontrolable u otras salidas, sean las que sean, a veces inesperadas.

De manera general, podemos decir, que la mayoría de los síndromes nocturnos son psicosomáticos, ya que las noches son una circunstancia especial y diferente.

UNA MADRE NUNCA ES ZURDA

Los procesos vitales humanos, están regulados por cuestiones psíquicas, físicas y sociales, simultáneamente. Si en algunos momentos los diferenciamos, o nos ocupamos concretamente de ciertos aspectos de la cuestión, es porque intentamos que la contemplación del bosque no nos impida ver los árboles. Por ejemplo, en un bebé no hay aun un psiquismo constituido, esto quiere decir que necesariamente hay que pensarlo en la relación invisible e indivisible con la madre.

Dicha observación resulta de asomarse a las expresiones y movimientos físicos, interpretándolos gracias al lenguaje, y es lo que se llama lenguaje corporal, pero que solo tiene sentido si lo observan seres parlantes, y es lo que nos permite leer los signos y gestos del bebé, lo que necesita y pide.

Pensemos que en el tramo intrauterino, la individuación orgánica del feto se evalúa con respecto a la placenta, en cambio en la gestación que continúa fuera del cuerpo biológico de la madre, cualquier cuestión es sin dudas interpersonal.

Quizá haya una conducta del niño que puede considerarse que escapa a dicha condición: es la succión del pulgar, que realiza dentro y fuera del útero.

En tal caso el proceso se inicia y se realiza en sí mismo.

La boca chupa el dedo, y seguramente el dedo se siente chupado, lo cual significa una definida articulación de identidad psíquica y física, ya que el acto en sí mismo tiene un indudable valor hedónico.

A excepción de dicho ejemplo, la condición simbiótica de tal íntima relación hace que el órgano expresivo que observamos, sea unas veces la madre y otras el niño, pero en cualquier circunstancia lo que tiene una singular significación es la situación entre ambos protagonistas.

Recuerdo un experimento interesante y es el siguiente: se colocó en una nursery un aparato que emitía un sonido de alta fidelidad, que difundía un sonido cardíaco a una frecuencia de 72 pulsaciones por minuto, que es el correspondiente a una mujer grávida al final de la gestación; los bebés permanecían en la sala un promedio de cuatro días, y el sonido emitido estaba operativo cuatro días sí y cuatro días no.

Analizado el material, las conclusiones estadísticamente válidas fueron las siguientes: el 60% de los "sí" aumentaron de peso a razón de 40 gramos al día; en cambio, los "no" perdieron 20 gramos al día.

Dichos resultados llevan a pensar que la "percepción del corazón de la madre", tiene un efecto positivo y su ausencia uno negativo.

La pérdida inicial de peso del recién nacido, que se ha descrito como fisiológica, tal vez debería ser evaluada a la luz de estas experiencias y considerarla como un resultado de la separación del recién nacido de su madre.

Además, los niños lloraron el 39% del tiempo en que se transmitía el latido, y el 55% cuando no se transmitía, quizá usaban su energía para coger peso y no para llorar.

La cuestión es: ¿por qué lloraban?

Tampoco cabe polémica en el asunto: lo hacían por la sensación de lejanía, de abandono.

Un día sucedió algo inesperado: el transmisor se estropeó, y la frecuencia del latido aumentó a 128 pulsaciones por minuto, y los niños mostraron sensaciones de inquietud acompañadas de llantos.

De allí que se pensara que el ritmo cardíaco materno, es un indicador de la estrecha relación madre-hijo, es decir, que se trata de una señal de una manera básica de comunicación.

Hay un hecho empírico que confirma dicha hipótesis: las madres cargan a su bebé con el brazo izquierdo, es decir: "sobre el corazón".

También lo hacen las niñas con sus muñecas sobre sus corazones.

Y la posible objeción, de que lo hacen para tener el brazo derecho libre, supuestamente más hábil, se viene abajo al constatar que las mujeres zurdas, también cargan a su hijo con el miembro izquierdo cuando la comodidad, quizá indicara lo contrario, ya que en verdad: "Una madre nunca es zurda".

LOS TRABAJOS DE UNA MADRE

Es innegable que mantener en movimiento a una familia, demanda varios trabajos en diferentes niveles. Hay ocupaciones familiares, que en principio están asignadas a las funciones de una madre.

En general, son aquellas que dan al niño una seguridad afectiva desde el principio, y sobre la que probablemente se estructurará su vida futura.

Hoy en día, está totalmente aceptado que los contactos del niño con su madre en los primeros tiempos de vida, son tan necesarios para el desarrollo físico, afectivo y mental del pequeño, como lo es la vitamina D para la formación de sus huesos.

Dicha comparación es de tal manera ilustrativa, que la ausencia de tales contactos se la ha llamado: la avitaminosis de carencia afectiva.

Esto quiere decir, que sin un contacto íntimo y físico, y sin una relación positiva con la madre, el pequeño, es probable que presente dificultades tanto en su presente como en su devenir, para disfrutar de una salud física y mental adecuada.

No se trata de una teoría, más o menos romántica, literaria o de autoayuda amorosa, sino de una clase de relación que se produce en la proximidad física, en los actos básicos e imprescindibles para sobrevivir; es decir, darle el pecho, el baño, cambiarle los pañales y las ropas, el acunarlo o tenerlo en brazos adecuadamente, para que respire mejor.

Es muy importante que el niño sienta y perciba que es objeto de satisfacción para su madre, la madre por su parte, verá en el niño/a el desarrollo de un aspecto de su vida y de su personalidad, de modo que se establece una relación de identificación estrecha y necesaria.

La crianza y la educación de un hijo, no puede resolverse de acuerdo a una regla fija.

Es el resultado de una relación viva y humana que influye en el carácter de ambos.

Suministrar a un niño la dieta apropiada es algo más que proporcionarle calorías y vitaminas; es más, para que los alimentos sean eficaces es importante que los coma con gusto. De igual manera, el prodigar cuidados maternos no debe entenderse solamente en horas de atención diaria, sino también en términos de cómo se sienten durante ese tiempo compartido.

Es importante aclarar la siguiente cuestión: sería un error dejarse impresionar por el supuesto, de que dicha función primordial opera en un solo sentido. La tarea de la familia es formar hijos y también formar padres.

El contacto de la madre, o con quien cumpla dicha función con el niño, es fundamental para el desarrollo de ambos.

Estamos excesivamente habituados a la imagen idealizada, de que una madre es un ser que lo da todo sin recibir nada a cambio, y que tal situación la hace de hecho sublime y sagrada. En verdad, la realidad no es tan lírica; su función es dativa en tanto ella sabe y acepta que tiene que dar y en ese gesto también, recibe.

Al convertirse en madre, ella alcanza una función que la ayuda a realizarse como ser humano, y le posibilita desplegar aspectos de su personalidad que de otro modo difícilmente podría hacer.

Destaquemos entonces, que la relación entre la salud de la madre y la del hijo es muy estrecha, a tal punto que uno promueve la salud del otro, y en consecuencia al recibir retribuye. Visto así el tema, la familia es una escuela de padres, de los trabajos de una madre y el aprendizaje de ser padre.

Los padres, mientras colaboran a la cosntrucción de los cimientos de la personalidad de los hijos, desenvuelven y cumplen la suya.

Es una creencia ilusoria, que una buena madre tiene que ser una persona sacrificada, que el hijo se desarrolla a expensas de ella, y es un mito que no se diluirá fácilmente.

Quiero decir, que protegiendo al niño contra las carencias, se mejora su suerte y tal vez la de las generaciones venideras, de manera que la relación madre-hijo, se convierte en el primer eslabón de la salud mental.

LOS HERMANOS SEAN UNIDOS

"Los hermanos sean unidos, porque esa es la ley primera; sino se los comerán los de afuera"; dice un verso del clásico poema épico del argentino José Hernández, que tiene como protagonista al gaucho "Martín Fierro".

Recordando dicho texto, pensé que si la función de los mayores es hacer conocer al niño de manera emocional, el sentimiento de seguridad y el de equilibrio o el de justicia; la función de los hermanos es poner en contacto la vida de un niño con sensaciones de inseguridad, de desequilibrio y a veces, de injusticia, en una dosis e intensidad suficientes y necesarias, como para que se constituya en una experiencia vital y no en una agresión.

Todo aquél que tenga que desenvolverse en la vida, se encuentra en el imprescindible juego de ella misma, con situaciones para las que debería estar preparado como son los inconvenientes y las irregularidades.

Sin embargo, un niño no está templado como una espada para tan complejo ejercicio. Entonces, tal vez dentro de un grupo familiar, le corresponda a los hermanos tan importante tarea.

En general la llegada del o los hermanos, se suele producir con cierta secuencia y ritmo.

Cuando aparece el segundo hijo, el primero puede sentir que es un rival en el amor y la atención de la madre, que le quita algo que hasta ese momento, al parecer, le pertenecía en exclusividad.

Tal rivalidad, digamos casi inevitable, es para un niño una experiencia social valiosa, necesaria, que encierra el fundamental aprendizaje de compartir.

En familias adecuadamente constituidas, el sentimiento primario de rivalidad, progresa hacia formas positivas de cooperación y amistad. Dicha evolución la podemos considerar como un signo de la salud familiar, y cuando no se produce del modo que estamos señalando, tal vez se deba a que no se dan en el hogar, de manera satisfactoria los límites funcionales recíprocos.

Se repite con frecuencia la idea o la opinión, de que la sensación que tiene el primogénito, es que el recién llegado es como si "robara" ciertas atenciones y afectos que poseía.

En realidad, la consideración es más efectista que verdadera, sobretodo si cuando llega el segundo, el primero está lo suficientemente afirmado en su diferenciación y satisfecho con ella; ya que lo que se brinda al recién llegado no tiene nada que ver con lo que el mayor disfruta actualmente, sino que se trata de algo que tuvo pero que ya no disfruta.

Claro que los asuntos humanos, funcionan por efecto de recurrencia. Quiero decir, que desde el presente adquiere su sentido el pasado, esto es, que al ver al pequeño tomando el pecho, inconscientemente, el primero reacciona porque allí visualiza que a él también le pasó.

Se supone que el pequeño celoso, ha sido hasta ahora el privilegiado y el consentido, al que presuntamente el nuevo hermano priva, no tanto de sus derechos sino de sus legítimas ventajas.

Por otra parte, el problema se podría centrar en aprender a compartir el afecto materno, aunque tal afecto disfruta de la cualidad básica de abarcar a todos los hijos, y además, con cada uno se desarrolla una totalidad singular.

La función maternal, es un "cómo" y un "cuánto".

También el padre es fundamental, y participa en la medida que la relación con la madre se lo permite, y con los hijos es quien regula el "cuándo".

En cada etapa del proceso de maduración, las funciones van cambiando.

En todo momento, cada niño puede tener la "cantidad" de madre que precise; claro que eso condiciona a que el desempeño de la tarea maternal, sea efectiva mediante un sutil inteligencia.

Veamos un ejemplo: si el primer niño duerme en el cuarto de los padres y al nacer el segundo, se lo saca de la habitación, para que ocupe su lugar el recién llegado, es probable que él o la mayor puedan sentir que el pequeño les quita un privilegio.

Sin embargo, si antes de que tal cosa suceda, ya duerme en su habitación, le será relativamente sencillo entender que el pequeño no le quita nada y que cada uno ocupa su lugar propio e intransferible.

También está en juego, un aspecto de la vida compartida y es aquel que podemos denominar: "La seguridad emocional", que en verdad puede ser la piedra angular del grupo familiar.

Hay un ejemplo, que es muy interesante al respecto: ya pueden los hermanos enfrentarse arrebatadamente y aun llegar a agredirse, y sin embargo, lo debemos considerar como una situación propia del desarrollo y crecimiento

Tales supuestos roces, en todo caso, deberían pasar como episodios entre pares, y si los padres no intervienen bajo la presunta noble intención de impartir justicia, y si además, no le atribuyen una excesiva importancia a tales episodios, ni atienden especialmente quejas o acusaciones, el cariño fraternal volverá y se dirá: " es algo entre hermanos".

Por otra parte, los hijos en ocasiones, pueden manifestar rebeliones momentáneas contra los padres.

Si éstos las consienten inteligentemente, la enseñanza será que toleran y entienden algunas manifestaciones de tendencias que eventualmente, se expresan con cierta agresividad, aparentemente

Al mismo tiempo, si los padres no se obstinan en plantear inmediatamente, cuestiones de respeto o jerarquía, entonces, en general, el hecho puede pasar a diluirse en un clima de afecto mutuo.

En realidad, los hechos no existen en sí mismos, quiero decir, no tienen una única lectura, y de lo que disponemos en cualquier caso, es de una interpretación de supuesto hechos.

Sin embargo, si las rebeldías son sistemáticas y constantes o intensas, les corresponde a los padres, no pretender sofocarlas como quien apaga un fuego, sino considerarlas, como un síntoma de un desajuste familiar, en el cual todos los partícipes están implicados.

Claro que hay situaciones, que al ser generalizadas, podemos pensarlas como "normales", dentro de los límites del aprendizaje de la convivencia.

Podemos detenernos, en escenas que se suelen producir cuando los integrantes de una pareja familiar o no, disienten en criterios o puntos de vista, y podríamos concebir tal vez, una relación tal, en la que a pesar de las discusiones o los aparentes enfrentamientos retóricos o emocionales, los partícipes no sientan que se ha trastocado el respeto recíproco y por tanto, la relación afectiva.

¿Cómo podemos evaluar éstas situaciones?

Sería interesante, poder pensar que tales cuestiones que

acontecen dentro del grupo familiar como un signo de vitalidad, deberían resolverse en los plazos que la calidad de las relaciones lo requieran.

Lo importante, es que no se consolide un clima, es decir, un estado frecuente de animosidad agresiva.

Si se llegara a producir una alteración anímica de la cotidianeidad, estaría bien que se tratase de un episodio momentáneo, en todo caso amortiguado, por la seguridad afectiva que sostiene el pacto de amor y convivencia.

Sabemos, que fuera del ámbito familiar, cualquier tipo de agresión, trae consigo la correspondiente sanción, según lo entiendan los protagonistas del suceso.

De manera que si alguien levanta el tono de la voz a decibelios que indican un mal talante con su prójimo, corre cuando menos el riego de perder su afecto y amistad.

Y quien en un momento determinado de irritación, alza el volumen de sus intervenciones con su pareja amorosa, debe saber que no lo dejan de amar por tal hecho puntual, sobretodo si se atreve a procesar y cambiar conductas y actitudes. En tal sentido, es fundamental resolver las tendencias vengativas, si las hubiese.

La tolerancia ante los exabruptos o las irritaciones ocasionales, son destacables para considerar, porque suponen que el altercado se produce en un contexto de afecto, propio de la dinámica singular en cada caso, y no siempre los cambios de humor tienen que ver con la pareja.

Por supuesto, que lo mejor es no llegar a situaciones violentas, o a coyunturas que haya que lamentar luego.

En verdad, el amor es una construcción diaria, que debe distinguirse del enamoramiento.

No hay amor, donde hay violencia sostenida; lo que hay en tales casos es una incapacidad de amar.

Aquellos supuestos adultos, responsables de un conjunto familiar, deben instrumentar nociones claras y definidas de lo que es contingente, lo que es accesorio y de lo que debemos considerar básico para la convivencia.

Recuerdo unos versos de Kahil Gibran que dicen:

Vuestros hijos no son vuestros niños.
Son los hijos y las hijas de la Vida, deseosa de sí misma.
Vienen a través vuestro, pero no vienen de vosotros.

Y, aunque están con vosotros, no os pertenecen.
Podéis dar casa a sus cuerpos pero no a sus almas.
Pues sus almas moran en la casa del mañana, que vosotros
no podéis visitar ni en sueños.

Podéis esforzaros por pareceros a ellos, pero no tratéis de
hacerlos parecidos a vosotros.

Pues la vida no retrocede ni se demora con el ayer.

CADA NIÑO ES EL FUTURO

La familia, cualquiera sea su característica, es una estructura cuya función básica consiste en brindar a sus integrantes y en particular a los niños que en ella crecen, unos niveles de suficiente seguridad afectiva, que les permita un equilibrio emocional eficaz. Lo que se llama en algunos puntos geográficos: "compañerismo o camaradería", es la seguridad secuencial del afecto compartido, del proyecto de vida que se desea y se decide llevar adelante. En dicho contexto se supone que cada uno "cuenta con el otro", vale decir, con su apoyo y afecto. Tal mecanismo emocional, permite pensar que hay alguien que está presente en una relación que nos acompaña en nuestro recorrido vital.

Cuando hablamos de afectos, no se trata de sentimientos vagos o instintivos o de manifestaciones sentimentales primarias; el afecto no son los besos o los abrazos, sino el sentido que tienen en un pacto vital.

El afecto es algo que se espera de un familiar compañero, en una continua combinación de apoyo, respeto, tolerancia y comprensión.

Como es fácil de entender, no se trata de algo que nazca en el corazón, sino que el corazón nace en esa alianza.

Estas situaciones están condicionadas a las circunstancias por las que transcurre la familia, y en su devenir se encuentra con momentos que ponen a prueba dichos lazos de unión.

Por ejemplo: en lo físico, la posibilidad de que un niño tenga accidentes dentro del hogar, como pueden ser caídas o quemaduras, o frecuentes accesos a tóxicos, que bien se podían pensar como fallos familiares del sistema de seguridad.

No es en vano que medicamentos, o artículos de limpieza, pinturas y otros objetos que se introducen en los hogares, tengan como obligación llevar la inscripción: "mantener alejado de los niños".

Por lo que podemos decir, que en cierta medida, los accidentes domésticos son previsibles, sobretodo si pensamos en sus posibilidades, quiero decir: una familia que pone al alcance de los niños barbitúricos que la madre guarda en la mesilla de la lado de su cama, y el niño curioseando las ingiere, ¿ a quién hacemos responsable?

En realidad, y sin exagerar, están matando al niño inconscientemente, aunque no exista sanción penal para tales distracciones.

En lo psicológico, el fenómeno es posible de vislumbrar.

Por ejemplo: Antiguamente, la decisión paterna, arbitraria o no, fijaba unas normas estrictas de actuación y asumía, al menos en teoría, es decir con cierta dignidad, la responsabilidad de éxitos y fracasos. Cada padre y madre, educaban a sus hijos, según sus creencias y criterios.

Más modernamente, los elementos cibernéticos, introducen en el ámbito doméstico, incitaciones y planteos diversos, formas de ocio y canalización de tendencias, a veces, violentas o que llevan a que las muertes en combates virtuales sean percibidas como naturales.

Están en juego tendencias personales que abarcan variadas opciones, de manera que resulta difícil prever o regular las formas en que los hijos acogen las variantes de consumo virtual, por lo que se vuelve necesario un diálogo abierto y una movilidad acorde a los tiempos en que vivimos y a los cambios que la realidad nos impone.

Y si bien la familia urbana, tiende a constituirse en un número menor de personas de lo que antiguamente se acostumbraba, debería ser lo suficientemente amplia , como para brindar al niño un ambiente y un clima propicio a su crecimiento y desarrollo potencial, ya que las omisiones, los fallos y los olvidos, tendrán sus consecuencias sobre las personalidades en formación.

La clásica frase: "Se debe respetar a los mayores"; como si fuera un precepto bíblico o un decreto del gobierno, digamos que ha perdido fuerza en sí misma; por lo cual para mantener su vigencia hay que realizar una labor diaria para ganarse ese respeto y cariño dentro del grupo.

De los lugares que el mundo progresivamente globalizado, ofrece a hombres y mujeres, los de padre y madre, son una posibilidad que depende de una decisión, y no son cuestiones que puedan delegarse totalmente, porque está en juego el futuro del niño/a, es decir, de la humanidad.

Capítulo 2

BIENVENIDO HIJO

BIENVENIDO HIJO

Todo niño tiene derecho a ser amado y aceptado en su singularidad.

Esta frase que menciono, puede parecer algo obvia, sin embargo, no es extraño ver que una familia tome ante el pequeño una actitud determinada por lo que espera de él y por el lugar que se le atribuye, incluso antes de nacer, por ejemplo, en la elección de ciertos nombres o en los supuestos parecidos físicos o de personalidad, que se le encuentran.

Se suelen depositar en los niños ilusiones no del todo claras que pueden incluir alguna frustración de los padres, proyectos que les hubiese gustado realizar, y que se manifiestan en expresiones tales como: "mi hijo/a va a hacer una carrera universitaria porque yo no he podido"; o " mi hijo va a ser un empresario de éxito", etc.

Por supuesto que es normal que los padres quieran lo mejor para sus hijos; solamente quiero decir que lo deseable, es que cada hijo debería ser percibido y tratado, como una realidad única y así cada uno de los hermanos, aceptando sus diferencias con los padres, abuelos, tíos, porque nadie puede ocupar el lugar de otro.

Además la llegada de un hijo, necesariamente redistribuye el juego de roles en la dinámica y la economía familiar, y cada uno debería tener desde sus primeros momentos, sus propias cosas, por sencillas o modestas que fuesen.

Una situación común y a la vez compleja, para el desarrollo personal del niño, es la decisión que adoptan algunas parejas de tener hijos en rápida sucesión, con la idea de que "es mejor que se críen juntos".

Hay decisiones, que a veces están motivadas por cuestiones afectivas de la madre, que por ejemplo, al tener dificultades en procesar su primer parto y los cambios que conlleva, evita dicha situación y se embaraza rápidamente, lo cual no siempre es bueno para el hijo ya nacido.

Se suele aconsejar en una adecuada planificación familiar, considerar como una regla elemental del proceso de construir una familia, que la nueva gestación se inicie después de que el hijo nacido acepte la experiencia del control de esfínteres y su ingreso en la escuela infantil.

Hay algo importante a destacar, y es que podemos considerar que la gestación humana en realidad lleva unos 33 meses, entendiendo por gestación no solamente el clásico concepto de los 9 meses intrauterinos, sino además incluir el período de "dependencia necesaria"

De acuerdo con lo que estamos diciendo, una familia es el lugar donde se continúa la gestación, en la cual está incluida la lactancia materna, por lo que tratándose de un niño menor de 2 años, estamos hablando de una familia gestante.

Otro punto a mencionar es que todo niño tiene derecho a no sufrir agresiones físicas, ni de los padres, ni de los maestros, ni de los cuidadores, y lo menciono porque tales prácticas, en muchas variaciones, es una especie que está lejos de extinguirse.

En relación a situaciones traumáticas, podemos exceptuar situaciones de necesidad extrema en las que está en juego la salud física del niño, porque tenemos que tener en cuenta, por ejemplo, que no hay intervención quirúrgica que no implique riesgos, y que en tal caso se debe proceder con la cautela `psicológica y anestésica más conveniente.

Incluso antes de ser sometido a alguna cura en la que se utilice la cirugía, por leve que pudiera parecer, estaría bien que un niño o un adulto, recibiera una adecuada preparación emocional; tal cuestión es tan importante como la asepsia, y debemos saber, que ésta última cuestión, es fundamental para no padecer infecciones corporales, y sin las anteriormente mencionadas, puede llegar a contraer serias "infecciones afectivas".

Además, dentro de lo posible, es deseable evitar procedimientos como enemas o supositorios, que podrían suponer molestias definidas y concretas.

Debemos considerar que la medicación introducida por vía rectal se saltea los controles hepáticos, y algunos especialistas y educadores, se sorprenderían y hasta quizá no aceptarían que indicar a un niño unas dosis de calcio, o una medicación de tipo estimulante, por una supuesta hiperactividad o falta de atención, no en todos los casos es la mejor opción para la mejoría del estado de salud del niño.

LOS SUEÑOS DE LOS NIÑOS INVENTANDO PAÍSES

Un niño no es sólo lo que aparenta ser, sino también lo que va a ser. De allí que se diga: "El niño es el padre del hombre".

Los científicos vienen haciendo hace muchos años, esfuerzos definidos para encasillar la evolución del niño en determinadas etapas características: fetal, lactancia, primera y segunda infancia, escolaridad, prepubertad, pubertad y adolescencia. Tales normas han servido para olvidar, que una vida muestra una concatenación sometida a ritmos singulares pero no a etapas diferenciales.

Para los especialistas la biología es biografía, y de modo regular, los médicos y psicólogos, presentan situaciones que son expresiones actuales de desvíos anteriormente dados, por lo que nada es abrupto en la historia humana, y el lento proceso de maduración, representa episodios formados por varios hitos.

Por ejemplo, hay estudios interesantes que muestran cómo la madurez se cumple trascurriendo un camino de escalones y rellanos, por el efecto de una serie sistemática de frenos que se van soltando, de modo tal que puede considerarse que se trata del resultado de una graduada y no gradual separación de las primeras y básicas dependencias biológicas, y por tanto marcadas por cruces afectivos que son demoradas dentro del marco de la maduración general.

Un relato significativo, es aquel que se refiere al mínimo indispensable de autonomía que se alcanza con la adquisición de la marcha, alrededor del año y unos meses después, en algunos casos.

A veces, un poco más adelante, y sumando ese tiempo a los 9 meses intrauterinos, se alcanza pasados los 21 meses.

Tal vez la idea de la cifra, no deba ser tomada al pie de la letra sino a la letra del pie, es decir, quizá debiera ser tomada con la amplitud necesaria y las características de cada caso.

Debemos considerar que el cachorro del hombre no nace del todo humano, sino que se humaniza en su evolución, en consecuencia, si queremos comprenderlo debemos hacerlo en sus diferencias, más que por sus semejanzas con el resto del mundo animal.

Además, tiene la peculiaridad de que sus antropológicos están en estrecha relación con la mujer, tanto que se lo define como mamífero, condición que comparte con muchos animales, y sin embargo, en la realidad anatómica elemental, la mamífera es la mujer, use o no sus pechos para lactar.

El niño en realidad, resulta mamífero por su implantación a los senos, que más que fuente de alimento, son zonas de interacción emocional en la humanización del pequeño cachorro.

La condición de bípedo, también se señala como rasgo humano, sin embargo, la bipedestación, no es una condición intrínseca sino una de sus posibilidades a la que se llega después de un largo proceso, que lleva unos 14 años, y es una adquisición de tal modo difícil de ejercer y de mantener que el hombre intenta continuamente de evadirla, adoptando posturas y posiciones que le alivien el esfuerzo que le impone la posición erecta.

Al año de edad, el pequeño/a aun no marchan sino que deambulan, ya que su desplazamiento bípedo carece de intencionalidad; no puede, por ejemplo, escapar de un peligro.

La marcha que confiere una aceptable autonomía, se alcanza un poco más adelante, alrededor de los 24 meses, junto con la posibilidad de gobernar los esfínteres; en consecuencia, en cuanto a dependiente, el niño tiene una vida gestante, como ya hemos señalado, de más de 33 meses.

Si lo miramos, desde tal punto de vista, se pueden deducir algunas consecuencias que necesariamente debemos tener en cuenta, como son:

1- La lactancia debe ser considerada como un salto en la gestación, después del nacimiento.

2- La familia se ha de considerar un espacio abierto en el que la madre cumple tareas fundamentales en el crecimiento de los hijos.

3- La fisiología del lactante está plenamente integrada en su formación.

Quiero señalar que estos puntos de vista, no constituyen

comparaciones de carácter alegórico, sino un planteo fundamental que incluye los procesos biológicos en la actitud a mantener frente al crecimiento.

El núcleo humano que recibe al niño para continuar su desarrollo, presenta una característica única en el reino animal: la coexistencia de tres generaciones, dos de las cuales no tienen capacidad generativa actual.

Recuerdo ahora unos versos de Raúl. G. Tuñón, que dicen:

"Todo hombre en el final minuto de su invierno
piensa en algo lejano cuando muere.
Y la muerte es el último país que el niño inventa".

PONERSE EN PIE

En nuestra cultura, y quizá también en otras, los humanos intentan estar de pie el menor tiempo posible.

Antropológicamente, la bipedestación se hace necesaria especialmente en la mujer con respecto a su cachorro, en tanto que por dicha posición puede tener los brazos libres para guiar al bebé, incapaz por sí mismo de movilizarse y de sustraerse a la ley de la gravedad.

Algunos monos nacen con la posibilidad de aferrarse a los pelos de la madre y aun de treparla, ya que ella al usar los brazos como elementos de locomoción, no está en condiciones mecánicas de transportarlos. Incluso hay una especie, en la que el pequeño colabora activamente en su nacimiento, cuando se agarra al pelo de la madre para salir de su cuerpo.

En cambio la hembra humana, no tiene pelos a los que el bebé pueda aferrarse.

A su vez, el cachorro humano nace desnudo y con deficientes posibilidades de regular la temperatura de su cuerpo y otros aspectos que deberá desarrollar, además de la necesidad cultural de abrigo, que se nos presenta como una situación básica de supervivencia y de humanización.

Digamos que hasta conseguir una postura bípeda estable, el aspirante a humano debe enfrentarse a la más continua de sus luchas biológicas: la lucha contra la gravedad, y para ello es fundamental la mediación materna.

Es llamativa la escasa mención del fenómeno que estoy tratando de describir, cuyo estudio es básico para comprender la evolución de la identidad corporal humana y el sentimiento de seguridad física.

La madre bípeda, al tener disponibles los brazos, se posiciona antropológicamente en condiciones de crear un sistema afectivo contra la gravedad, con lo cual produce y presenta una dinámica y una patología del regazo.

La posición bípeda, es la condición determinante para que la gestación humana continúe fuera del útero.

Lo característico del niño, es la extrema prolongación de su proceso madurativo y a la vez la paradoja, es la gran rapidez biológica en que se cumple.

Está claro que madurar es la función primordial de un niño/ a , así como la indefensión es su rasgo antropológico.

Los estudios más modernos, señalan que la velocidad y la maduración del sujeto humano, ha variado en el curso de la historia natural y se acepta, que el hombre paleolítico se desarrollaba más rápidamente, llegaba antes a adulto y también moría antes.

La madurez entonces, podría ser enfocada como un proceso hacia un desarrollo presumible, y además con un cumplimiento suficiente, según el momento en que se lo considere.

En cada etapa, un niño normal, está perfectamente maduro y el supuestamente considerado "anormal", debería ser valorado de acuerdo a su propia y personal evolución, comparativamente hablando, de acuerdo a los parámetros de lo considerado estadísticamente "normal", lo cual es en todos los casos una cuestión relativa a los criterios, estadísticamente vigentes.

Todo niño/ a es en el mismo tiempo, un ser que supuestamente va hacia algo y un ser que ya alcanzó una posición.

En lo prolongado de la evolución del proceso de madurez humana, es evidente que aquél que llega a los 50 años de edad, ha usado más de la mitad de su vida en madurar.

En consecuencia, según esta idea, las poblaciones de corto índice de duración, están constituidas por sujetos inmaduros, empujados biológicamente a aceptar roles sociales, para los que en realidad no estaban preparados.

De cualquier manera, el concepto de maduración biológica, no puede se aplicado a los humanos con criterios únicos y universales.

Supongamos, para ilustrar lo que estoy diciendo, un sujeto que aparentemente terminó de crecer y que podría reproducirse físicamente, no por ello se lo debería considerar un ser maduro, si por ejemplo no sabe leer o no es capaz de asumir obligaciones familiares.

Dicha diferencia entre tiempo biológico y calidad de vida, plantea serios problemas que merecen reflexiones más detenidas.

Por ejemplo, hay lugares del mundo que tienen la esperanza de vida que tenían los europeos occidentales hacia 1920 y el nivel de vida que éstos tenían en 1850.

Estas aparentes digresiones, intentan ubicar los criterios sobre la maduración de un sujeto singular, en un contexto histórico, psicológico y sociológico de significación general.

UNA BOCA COMPLEJA

El trabajo clínico, consiste en descifrar y comprender los casos que se nos presentan, atender sus circunstancias y encontrar la manera de actuar sobre ellas.

Nos puede ayudar como ejemplo, la organización del acto de amamantar.

Un aspecto fundamental de tal momento, es el tono muscular activo y básico en el dispositivo succionador del bebé: es decir, en el reflejo sostenido en la secuencia de necesidad de alimentarse, basado en la implantación, búsqueda, prensión, succión bucal, respiración alternante, o sea, la percepción del hambre.

Lo mencionado, lo debemos pensar en una situación concreta: como norma la madre coloca directamente el pezón en la boca y deprime la redondez del seno para facilitar mecánicamente la respiración nasal del niño.

Es importante destacar el hecho de que la madre, por la evidente cercanía afectiva, reconoce el hambre del hijo/ a, y en consecuencia adopta una actitud, digamos, tierna.

Es decir, adopta una adecuación tronco-postural y provee un regazo antigravitatorio eficaz, participa en la formación de un esquema corporal unitario que incluye a ambos protagonistas, en un movimiento de gratificación mutua y recíproca, que da lugar a una producir una situación de satisfacción y podemos decir de "equilibrio", mientras dure.

También está el llanto o la inquietud, como señales emitidas por el niño/a, y a la vez la capacidad de empatía de la madre

Hablar de la boca humana, ciñéndonos a sus aspectos anatómicos y fisiológicos, resulta de cualquier modo insuficiente para comprender su papel.

Sin embargo, sus funciones tienen correlatos biológicos, en tanto forman parte del cuerpo, es decir, del escenario donde transcurre el psiquismo.

Recordemos que hasta un momento avanzado de la infancia, las papilas gustativas ocupan toda la boca, incluso la cara interna de las mejillas y el velo del paladar; mientras que en el adulto quedan acantonadas en la cara dorsal de la lengua, citación que es determinante en las tareas perceptivas.

Desde la época intrauterina y en el recién nacido, la boca se halla relacionada con el cerebro y los cinco pares craneanos mucho más que con el estómago, de modo que la unidad asume funciones definidas.

La boca es un receptor de aire, agua y alimento, cuyas cualidades percibe el pequeño a través de las terminaciones sensitivas y receptoras del gusto, el olfato, el calor, el frío y las sensaciones de pastosidad, dureza e irregularidad además del paso de una sensación a otra, como cuando se deshace en ella un trozo de chocolate.

La boca es un órgano de movilización, en tanto mueve el pezón y los alimentos, a la vez que participa en la producción del llanto, es decir, de los sonidos audibles para los otros y para él mismo; también del aire respirado o ocasionalmente de lo vomitado, regurgitado o rumiado, además combina el impacto de los receptores con la actividad de los efectores, y se constituye en intérprete de estímulos al tratarse de una zona de interacción con otro.

La boca es la estación terminal de necesidades como el hambre y la sed, y de satisfacciones hedónicas como chupar, y de relación con el otro en tanto es emisora del llanto y el grito. Además de la zona de acción del besar como manifestación afectiva, no olvidemos su relación con la palabra, que es un detalle a tener en cuenta.

Desde un punto de vista neurológico, los reflejos que parten de la boca forman una organización divisible, solamente por razones expositivas. La serie: implantación, succión, deglución, respiración alternante, reflejos gástricos, forman en el primer tiempo de la vida, un fenómeno único y armónico, que posteriormente incluirá la dentición.

Se trata de una zona de interacción, y sus experiencias están señaladas por matices característicos.

Pensemos en un ejemplo elemental: si se coloca un grano de sal en la boca, el sujeto percibe un gusto salado, y si tiene alguna experiencia al respecto, supondrá que en algún momento tendrá sed.

La provisión de agua eliminará la sensación agresiva del estímulo, entonces, la impresión desagradable puede volverse útil; por lo que podemos decir, que la boca imprime a la prueba un color específico y especial. Si en cambio, como prueba opuesta, ponemos un gramo de sal sobre una herida abierta en un labio, se producirá un dolor agudo y nocivo.

Es decir: la boca cumple también un papel en la constitución de la individualidad a través del acto de mamar; es decir, por esfuerzo que realiza el bebé, en el que todos los músculos del rostro, trabajan intensamente, cosa que no sucede en la lactancia con el biberón, en la que el flujo expulsivo de la leche está determinada por la presión atmosférica.

El trabajo de tomar el pecho, se ve compensado por la satisfacción alimenticia, seguida del reposo correspondiente y relajación; dejando al pequeño la enseñanza de la variación entre trabajo y descanso que regula la vida.

Además, la succión indica el alcance de una energía vital, que en parte es independiente de su fin, lo cual muestra que hay una actividad que se satisface a sí misma.

No es solamente una cuestión física, ya que la necesidad de chupar suplementariamente se fija y se estanca, si no encuentra un equilibrio entre el hambre y el amor. Y las irregularidades de dicha combinatoria en la educación, se manifiestan en las variadas formas de carencia oral, de las cuales la más conocida es la succión del pulgar y sus variantes, como chupar varios dedos, telas o cualquier zona accesible del cuerpo materno.

Es decir, que el uso de la boca es claramente una actividad productiva : chupar y ser acunado y mecido, es un goce y un arte.

La succión sin producto, es energía residual como la que se genera en los deportes.

Podemos decir entonces, que las tendencias económicas y sociales de la vida adulta, están marcadas por experiencias primarias de los primeros tiempos de la vida con los avatares de la boca.

Tactos, contactos, voces y cuidados, que vienen para el niño desde afuera, y a la vez surgen estímulos que parten del niño en sus relaciones interpersonales.

LA ANSIEDAD MATERNA

Si un niño de pecho demanda la presencia de la madre, es porque su experiencia le ha enseñado que ella satisface sus necesidades.

Supongamos a una madre, que no responde adecuadamente a las señales de su hijo/ a, por ausencia o incapacidad. En tal la situación es considerada como una señal de peligro, y en realidad lo que quiere asegurarse el niño, es evitar la insatisfacción que provoca el aumento de tensión de la necesidad, frente a la cual se siente impotente.

En dicho estado el peligro es la ausencia de la madre, y en cuanto el niño lo advierte, emite la señal de angustia, antes de que llegue a establecerse la temida situación.

Dicho momento, representa un primer paso en el aprendizaje de la propia conservación, y cierra la transición desde la génesis automática e involuntaria de la angustia, a su reproducción intencionada como señal de peligro.

Ante el miedo, un adulto opta genéricamente por alguna de las tres salidas posibles que menciono a continuación:
1- Escapar
2- Neutralizar la causa del peligro o amenaza
3- Negar la situación.

La primera la ejecuta mediante la huída, la segunda, a veces, gracias a la lucha o alguna otra estrategia, y la tercera por obra de mecanismos psíquicos singulares.

En el pequeño, la situación sucede de manera distinta, ya que la huída y la lucha no son posibles de realizar por su básica indefensión biológica, y porque su sistema neurovegetativo no le permite otra clase de respuesta, le queda una salida: llorar.

Su experiencia le permite saber que llorando puede conseguir de la madre, una actitud tierna.

De modo que el llanto se constituye en un recurso para aliviar el miedo; por tanto sin negar que su reclamo se origina en necesidades, es decir, en desequilibrios de su organismo, podemos decir que sus tensiones son inestabilidades energéticas cuya provisión produce satisfacción, y si pensamos que la madre acude, pero ansiosamente, en tal caso, hay una situación conflictiva, y la tensión no proviene del metabolismo biológico sino psíquico.

Lo que el niño/a experimenta no es un desequilibrio sino una pérdida de seguridad, y la tensión que sufre es inespecífica, en tanto no se vincula con ningún órgano, y no dispone de medios para procesar respuestas ambiguas, lo cual le genera ansiedad.

En tal estado puede llegar a la angustia, mediante el llanto continuo e intenso, si es ineficaz.

Si llora de hambre y la madre no acude o se demora excesivamente; cuando se prende al pecho si la espera ha superado sus límites, fue una espera angustiosa y generadora de ansiedad para ambos.

Al ofrecerle ella el pecho, se puede producir un fenómeno paradojal, ya que ante el pezón el niño con hambre, en general llora antes de chupar.

La situación puede ser resuelta, mediante un cambio de actitud emocional, si la madre asume su estado anímico.

El uso de calmantes para el niño, muy extendido en algunos países, lo que hace es complicar la encrucijada, y postergar el problema de fondo, al ser una intervención química que genera un efecto contrario al deseable.

DEL SENO A LA CUCHARA

Hay un momento fundamental en la vida extrauterina, que es el pasaje y la separación del seno y el biberón para pasar a la cuchara.

Se introduce allí entre el niño/a y el alimento, una factor espacial que reconocerán por la mirada, circunstancia que tomará con el paso del tiempo derivaciones varias.

Antes de eso, el órgano efector era la boca, es decir, el pequeño consumía el alimento sin verlo, mientras que al usar la cuchara deberá mirarlo y para ello tendrá que usar con eficacia la columna vertebral, que es el soporte lumbar erecto.

En el proceso del desarrollo y a veces durante mucho tiempo, podemos observar situaciones tanto en los pequeños como en aquellos no tan niños y también en ciertos supuestos adultos, al menos cronológicamente hablando, que en muchos casos padecen problemas para usar medios de transporte en general, y en los cuales la insuficiencia de regazo suele estar presente.

Esto nos lleva a pensar que los niños, suelen quedar marcados por eventuales episodios tempranos, cuando están en juego situaciones que pueden considerarse arriesgadas, porque implican alguna clase de agresión o violencia psicológica, que actúa como una dificultad añadida al tema de procesar biológica y psíquicamente la ley de la gravedad.

La omisión en que incurren ciertos especialistas, en la cuestión de la gravedad o el aprendizaje en la acción de alcanzar posiciones humanas en el primer año de vida, ha dado lugar a una de sus indicaciones más iatrogénicas y esta es, la introducción del alimento con cuchara antes de que el niño/a haya adquirido la posibilidad de mantenerse sentado por sus propios medios.

Tal circunstancia podría posicionar a los pequeños frente a posibles conflictos con la gravedad, que bien pueden significar la reedición de cuestiones ya señaladas, en lo que podemos llamar, la insuficiencia del regazo en el proceso de implantación bucal al pezón materno.

La inapetencia, el rechazo a la cuchara, la inquietud nocturna, los vómitos, son algunas de las consecuencias menores del uso en exceso temprano de instrumentos artificiales para la administración del alimento.

Cualquier adelanto prematuro a dicho estado de maduración, puede determinar el hecho de poner al sujeto en situación de angustia frente a la gravedad.

Hablamos de un tiempo específico de la evolución del sistema humano contra la gravedad, y señalamos algunas condiciones básicas para que el cambio se realice sin conflictos, ya que se trata del pasaje de la succión a la alimentación instrumental.

Tales condiciones podrían ser:

1- El pequeño/a debería poder permanecer sentado con la estabilidad suficiente, para pasar a la siguiente fase.

2- La proximidad física de la madre, debería facilitar paulatinamente el destete.

3- La postura de inicio, debería coincidir con aquella que está determinada culturalmente por el acto de comer con cuchara.

Las condiciones mencionadas, se cumplen si la madre está sentada frente a la mesa y por ejemplo, posiciona al pequeño/a sobre sus faldas, apoyando la espalda sobre su tronco, es decir, con rostro vuelto hacia el plato.

El niño/a en contacto corporal próximo a la madre, pero sin formar con ella una unidad con la gravedad, como cuando estaba en el regazo, mira la comida que pasa a ser el objeto principal de la nueva experiencia.

Tengamos en cuenta que anteriormente, el rostro de la madre era lo que el bebé miraba, mientras chupaba y recibía un alimento que no veía.

Ahora dispuestos madre e hijo/a en situación, la madre llena la cuchara y la levanta frente al rostro del niño, hasta una altura un poco superior a los ojos, y es él quien sigue el movimiento con su mirada haciéndose cargo del factor espacial; luego la madre hace descender la cuchara hacia la boca que el niño abre por un reflejo natural.

Dicha técnica, que tiene en cuenta el factor de la gravedad y el espacio, al determinar un destete en condiciones adecuadas de seguridad física, es seguramente la profilaxis de variadas formas de inapetencia infantil.

NECESIDAD Y SATISFACCIÓN

Intentaré describir una situación que básicamente es la siguiente: cuando el niño/a en un supuesto equilibrio, siente que éste se rompe por efecto de un cambio en su economía metabólica, siente hambre, es decir, experimenta una tensión de necesidad y llora, es decir, emite ciertas señales.

La madre traduce el llanto y lo interpreta: Tiene hambre; le ofrece el pecho o el biberón; el niño obtiene satisfacción y se reestablece el equilibrio, todo el proceso trascurre como experiencia dentro de lo que se denomina: oralidad.

Pero ¿Qué ha sucedido?

En el terreno orgánico, se produjo un desequilibrio físico y químico.

Presuntamente, el hambre se originó en los tejidos por efecto de la energía metabólica, aunque debemos señalar que la necesidad no produce la conciencia humana, ni su registro psíquico.

Así como el sentido no está en las palabras, sino en las combinaciones y en lo que se dicen entre ellas, es fundamental, quién las dice y a quién se las dice, así como los misterios del cuerpo no están en las células sino entre ellas.

Por ejemplo, el niño mamó, sin embargo hay más variables porque al ritmo metabólico, los nutrientes tardarán un tiempo en llegar a descompensar el desequilibrio.

A pesar de todo, la sensación de saciedad y la consiguiente satisfacción pueden ser inmediatas, y su búsqueda acompaña a los humanos durante toda su vida.

Como es lógico suponer, la situación es reconocida con independencia del ciclo digestivo-nutritivo-asimilativo.

Entonces, podemos decir que en el sencillo acto de amamantar, se encuentra la regulación de variables psíquicas, independientemente del acto alimenticio propiamente dicho.

En conjunto se trata de un proceso de identificación, en lo que atañe al niño, pero aun sin diferenciarse de su madre.

Ella lógicamente está incluida en el fenómeno, y el niño constituye en buena parte, su propio medio en la relación.

El niño transita por una experiencia temporal, que resulta en una alternancia de necesidad y satisfacción, que se manifiesta en un ciclo que señala el pasado como tensión y el futuro cercano como satisfacción, que le permite el acceso a hábitos vitales que le facilitan entradas a expectativas en el aprendizaje de la anticipación y la espera.

Por medio del llanto, el niño/a controla el medio, y si alguien puede dudar de que siente una necesidad de ternura, debemos admitir que siente equivalentemente una necesidad no satisfecha.

Por los sutiles medios de la relación tan estrecha que mantiene con la madre, ella puede incluso percibir los signos del hambre antes de que los sienta el niño, y estar preparada y acudir abreviando los límites de la frustración.

Es relativamente posible concebir la diferencia sustancial, que en el registro de la satisfacción y la seguridad existe entre el hijo de una madre sensible y atenta, y aquél que debe llorar bastante para que acudan a atenderlo.

La conducta del niño, determinada por la tensión de necesidad, manifestada a través del llanto, la inquietud, la pérdida de profundidad del sueño, el paso a la vigilia, los movimientos, provocan en la madre una tensión experimentada como ternura y el impulso a producir acciones destinadas a satisfacer las necesidades del pequeño.

La capacidad de empatía de la madre, bien puede ser considerada como inseparable del contenido, aunque ciertamente dependen uno del otro.

Si la madre que alimenta no tiene capacidad de empatía, o si ésta no se halla asociada al niño/a o al padre, tal situación es percibida por el pequeño, aunque no pueda comprenderlo.

En un sentido restringido y aproximado, digamos que la empatía, señala un estado anímico abierto a la recepción de cualquier rasgo en los seres amados.

Y si quisiéramos denominar dicho estado de otras maneras, lo interesante sería reconocer el despertar de la ternura, bien como una sustancia pediátrica o como una tensión de campo, frente a la cual la respuesta materna es fundamental, y debería ser adecuada y eficaz para producir la sensación de satisfacción.

MI NIÑO NO ME COME

Hay un tema bastante recurrente, que es el de la "inapetencia infantil", que bien podemos pensar como un tipo de respuesta emocional a una situación crónica de ansiedad materna.

En realidad, la descripción del problema centrado en el acto de comer, es una ficción dialéctica, indicadora de un cierto apresuramiento en obtener un aparente diagnóstico.

Si lo miramos más de cerca, podemos ver que el inapetente padece de otras formas de alteraciones del comportamiento, aunque la familia intente hacernos creer, que la mayor intensidad de su consulta radica en la relación con la comida.

Tales problemas no suelen consistir en trastornos orgánicos reales, es decir, verificables por estudios médicos, como cuando se investigan infecciones actuales o en proceso de incubación, parásitos, dificultades con la dentición, gastritis, insuficiencia de juego o respiración y otras.

Una vez deslindadas las cuestiones físicas y psicológicas, se puede ver que son situaciones con historia, es decir que llevan un largo recorrido. El proceso suele iniciarse en la lactancia, y a veces, se instala como efecto residual de la relación madre e hijo/a, después de una afección física.

Los síntomas los conocemos a través del relato materno, y es allí donde comenzaría el tratamiento, de una situación en cuyo sostenimiento participan los demás miembros del grupo familiar.

Las cosas llegan a tal grado, que ya no se trata de que coma o no, sino que el acto de la comida, se convierte en un tema de diaria conversación entre los adultos y el clima afectivo.

Incluso es probable que el pequeño no se haya implantado al pecho, y la respuesta familiar es que debe mamar, como un imperativo complejo de llevar a cabo. Para ello se recurre a medidas inductivas extremas de carácter mecánico: se le ponen gotas de leche en la boca, o se ordeña el pezón sobre los labios, se le dan suaves golpes en las mejillas, y hasta se le tira del pelo con la inútil esperanza de que al abrir la boca para llorar, sea posible introducirle el pezón.

La ansiedad familiar suele intentar determinar que tiene que mamar cuando a ellos les parece, y de lo contrario sienten que se va a morir de hambre. Tales afirmaciones, pueden ser totalmente parte del ánimo de los adultos, si así lo creen.

En los casos mencionados, la oportunidad de la primera ingesta del pecho, la deciden desde afuera, sin tener en cuenta las necesidades metabólicas del pequeño, que sólo puede poner en marcha el complejo dispositivo de la operación de mamar a partir de la sensación real de hambre. Si esto no es así en tanto factor desencadenante, difícilmente será posible regular el apetito, que es el hambre condicionado culturalmente.

Hay recién nacidos voraces que muestran hambre a poco de nacer, y otros que necesitan y pueden esperar 24, 48 horas o más.

Las maniobras bruscas, pueden llegar a lesionar definitivamente la relación del niño con la comida, es decir, con la madre.

De una manera u otra, quedan sentadas las bases de la inapetencia crónica, y si nadie puede intervenir sobre la ansiedad materna, se puede generar un circuito específico entre madre e hijo por medio del apetito.

Y si bien es cierto, que en algunos casos favorables, en pocas sesiones se puede conseguir un cierto éxito, no por eso podemos creer que la explicación o revertir la situación sea algo sencillo.

En todo caso, es fundamental no confundir los efectos con las causas, es decir, no podemos creer que los síntomas son la estructura que produce el malestar, ya que las manifestaciones se pueden cambiar o se reemplazan por otras.

Por ejemplo, la depresión trae aparejada una pérdida de autoestima, pero creer que tratando la autoestima se cura la Depresión es un error muy difundido.

Los síntomas psicosomáticos, no se resuelven de cualquier manera, porque hay una estructura produciendo efectos.

Sin asumir una necesidad de replantearse maneras de vivir, un tratamiento no prospera y la madre reclamará algo más "enérgico", que abra el apetito del niño.

Es muy destacable, que la madre vive o percibe dicha situación como un rechazo global hacia ella misma, y lo muestra en su relato a través de la frase con la cual suele presentar la cuestión al profesional : "Mi niño no me come".

EL FANTASMA DE LA INAPETENCIA

La inapetencia del lactante se manifiesta en conductas bastante estereotipadas, como pueden ser: El pequeño se duerme en el pecho o llora antes y después de mamar, aunque la ingesta sea desde el punto de vista alimenticio satisfactoria, o duerme de día y pide y exige alimento por la noche.

En cualquiera de las manifestaciones citadas, los padres reaccionan con una gran ansiedad que como norma se contagia al especialista de turno, quien en la práctica consecuente y estadísticamente conocida, suele responder dando sedantes para el niño que actúan como calmantes de la madre; o bien dictaminando que el pecho es insuficiente y que el niño no lo tolera, por lo que indica biberones, que satisfaciendo la actitud inconsciente de la madre, resuelven momentáneamente el problema, que surgirá en otro momento.

Cuando la situación sintomática se establece, en general, pasado el tiempo de lactancia, la familia vive el conflicto varias veces al día y la ansiedad, centrada en la comida se convierte en el eje de su acción.

Los familiares preguntan si el niño comió, se mandan mensajes, y el pequeño en tanto se da cuenta del poder que maneja y lo explota hasta sus últimas consecuencias.

Es interesante observar, hasta qué niveles la familia se somete a las extravagancias del niño: se comienza preguntándole qué quiere comer, lo cual no es un inconveniente para que cuando le sea ofrecido el plato solicitado lo rechace; o bien que diga que comerá con una persona determinada y no con otra, o exige que le traigan sus juguetes a la mesa, o le pongan sus dibujos favoritos en la televisión.

Hay niños que recorren la casa en triciclo, mientras sus madres les siguen con el plato de comida cuchara en mano, de modo que se establece como "normal" esa serie de distorsiones del acto de comer.

En general, el inapetente, padece de otros síntomas colaterales, como no controlar esfínteres, constipación, diarreas, terrores nocturnos, fobias a ciertos alimentos, tics, y otras cuestiones que deberían llamar poderosamente la atención de la familia y de los especialistas, mirando el conjunto que se presenta bajo la máscara de la inapetencia.

APRENDIENDO A COMER

Cuando a un niño le ponen a su hora la comida delante de sus ojos, pueden suceder varias cosas, por ejemplo: que el niño tome su desayuno o almuerzo, y la madre lo considere un acto normal y se abstenga de elogios o comentarios, intencionadamente estimuladores.

También puede suceder que el niño no tome lo que le ofrecen y prefiera otra cosa, aunque no lo diga o no lo sepa; en tal caso es aconsejable que la madre no lo comente y que pasados 10 o 15 minutos, si el niño no hace nada que indique que acepta la comida, lo prudente sería que la madre sin la menor alusión y mostrando una actitud normalmente afectuosa, retire la taza, el plato y de por terminada la sesión y vuelva a sus ocupaciones.

Es probable que a la media hora o antes, el niño exprese que tiene hambre.

La respuesta, aunque parezca estereotipada, debería ser en general la misma: "Tienes que esperar hasta el almuerzo", Y nada más, es decir, sin ningún reproche o advertencia.

Llegado el momento del almuerzo, la actitud debería ser la misma y desarrollarse con igual precisión, con la diferencia de que si el niño/a no ha consumido el primer plato no se le ofrece el segundo, y si no ha concluido éste, no se le ofrece el postre.

Es importante que la madre entienda, ya que también es un asunto de la educación de ella, que no se trata de una actitud o de una técnica para realizar una o dos veces, sino regularmente.

Por otra parte, no hay que confundir "mejoría con curación", porque desde el punto de vista del tratamiento de la situación que pueda conducir un especialista, por eficaz que puedan resultar las primeras entrevistas, no es suficiente para encauzar efectivamente la ansiedad familiar o materna.

Es más, en días sucesivos, estaría bien que se realicen nuevas sesiones dedicadas a repensar con la madre y su pareja, las fantasías y temores en juego; además de revisar la posible utilización en la dinámica emocional del grupo, de las supuestas dificultades en el aprendizaje de la alimentación del niño/a.

En realidad, se trata de alcanzar nuevos planteamientos, lo más amplios posibles, de la situación afectiva de la familia.

Si solamente pensáramos en modificar conductas, con la idea de que la convivencia sea menos molesta, mediante consejos de mentalización o de ideologías voluntariosas de autoayuda a través de un supuesto instinto paternal o materno, se trataría de "arreglos" de corto alcance, ya que en verdad, lo importante es poder transformar las estructuras que dan como resultado los síntomas, que no son simples cuestiones de hábitos sino efectos de situaciones, que no se ven a simple vista, y se trata de cambiar la economía afectiva del grupo familiar.

Si la familia tiene una buena disposición que llegara hasta la posibilidad de replantearse su estilo de vida, se pueden conseguir resultados importantes en pocas sesiones; la pregunta sería: ¿Cuántas son pocas sesiones para una crisis familiar?

Hay en juego varias soledades en compañía: la del niño y la de la pareja. Para ello es importante trabajar algunas cuestiones:

1- Una conversación cuidada y extensa sobre la circunstancia.

2- Un examen clínico exhaustivo que tiene una doble misión: la que tiene en sí mismo, y la de dar a los padres la seguridad de que los aspectos médicos están cubiertos y que debemos ocuparnos de las cuestiones emocionales.

3- La categórica afirmación de que el niño está sano físicamente, y por ello no hay tónicos ni vitaminas ni inyecciones que resuelvan su situación.

4- El acto de la comida incumbe al responsable directo.

b- Es preciso que no sea un tema de conversación familiar.

c- El niño debe comer lo que come la familia, salvo enfermedad concreta.

d- El niño debe comer en la mesa.

e- La comida es una cuestión personal del niño, por tanto no se le ruega, ni se le pide, no se le amenaza, no se le insiste, y uno no se enoja con él por sus cuestiones con la comida, sabiendo que se está haciendo lo mejor para el niño/a.

Capítulo 3

PAREJAS Y FAMILIA

PAREJAS Y FAMILIA

La figura clásica de pareja familiar, supone que un matrimonio es un "papá" y una "mamá", y que con ellos un niño/a, se desarrolla, madura y recibe protección y enseñanzas de uno y de otra. Más modernamente, asistimos a cambios importantes en todos los sentidos, y se ha instalado como algo "normal", el hecho de que ambos componentes de la pareja trabajen. En especial, consideramos la necesidad espiritual y material del ingreso de la mujer en la maquinaria productiva social, para tener una vida digna y llevar adelante sus inquietudes y proyectos, tanto en lo profesional como artístico, además de colaborar al sostenimiento familiar.

Hasta el siglo pasado, la autoridad indiscutible reposaba sobre la figura del padre, como un líder totalitario, y la mujer ocupaba un lugar subordinado; las grandes decisiones correspondían al varón que imprimía por ley su apellido a la familia; simbólicamente la mujer perdía su identidad civil para adscribirse a la nominación marital: "señora de.." o bien directamente asumía el apellido del marido dejando de lado el del padre.

Hoy en día hay legislaciones, en algunos países, que permiten cambiar esa cuestión, o bien elegir los apellidos y el orden en que se han de usar, incluso teniendo hijos en común y conviviendo bajo el mismo techo.

Clásicamente se perfilaban en las familias, funciones paternas y maternas, que es como decir, masculinas y femeninas, perfectamente diferenciadas, por ejemplo, al hombre le incumbía subvenir el sustento y actuar fuera de la casa, su intervención en las tareas domésticas era vista y sentida como inconveniente y criticable; digamos que al contrario de lo que sucede en la actualidad, en general.

En las pequeñas familias de las grandes ciudades, hay un hecho a destacar, y es que las figuras protectoras de antaño, quedan desdibujadas y de esa situación básica y esencial, pueden surgir situaciones a recordar:

1- El niño exige más y más directamente a sus padres.

2- Los padres deben ser lo suficientemente inteligentes, para satisfacer esas necesidades sin comprometer o frustrar su vida personal, por lo que no está demás pensar en una educación para padres.

3- Las ocasiones de que un niño se quede sin apoyo son mayores, y en consecuencia, son frecuentes las posibilidades de aparición de dificultades en el crecimiento.

4- Un impulso elemental, lleva a los padres actuales a distribuir, no siempre eficazmente, la energía afectiva dentro de la economía emocional del grupo familiar, intentando compensar con excesos ocasionales de atención, la carencia de otros momentos.

Otro detalle de las familias actuales, son por ejemplo, que sin las ayudas de la gran familia, los jóvenes se casan a una edad más avanzada porque deben alcanzar posibilidades económicas.

Por otro lado, cuando las parejas se casan muy jóvenes, gran parte de su esfuerzo se concentra, en ocasiones, en detrimento de las responsabilidades familiares, en el trabajo o los estudios sin concluir; es decir, que hay varias economías en juego, para comenzar digamos: la emocional y la financiera.

Tenemos también en la sociedad otros registros de parejas y de uniones, que actualmente están reivindicando sus derechos en diferentes lugares del mundo, enfrentándose a una gama de respuestas que van desde la intolerancia absoluta hasta los debates jurídicos y religiosos acerca de su legitimidad y nomenclatura.

La realidad es la metáfora de lo posible, de manera que hay tantas realidades como seamos capaces de pensar.

Los casos son muy variados, como por ejemplo: las llamadas familias monoparentales, es decir, situaciones donde una persona debe ocuparse de todo, y por otra parte, están las uniones formadas por dos personas del mismo sexo, lo cual es también motivo de polémica.

Podríamos pensar que los derechos para unos no son obligaciones para otros.

No se trata simplemente de gustos u opiniones. El deseo humano es poliforme y no se lo puede encasillar en modelos únicos. Estamos hablando de fuerzas muy poderosas, donde lo que se juega es el desarrollo de la vida misma, que a través de diferentes formas y figuras sociales estructuran el panorama cultural y familiar de las sociedades contemporáneas.

LAS NUEVAS FAMILIAS

Según se puede observar hoy en día, la realidad nos presenta un tipo de familia formada por parejas más maduras, de lo que clásicamente hemos visto.

Autónomos de las familias de origen; responsables de los compromisos adquiridos.

Lo primero a destacar, es su independencia económica. Al constituirse la pareja, ya suelen tener planteamientos claros acerca del hecho de que viven de sus propios recursos, no sólo como pareja, sino también en la circunstancia económicamente exigible de un posible embarazo, parto y crianza de un hijo.

Si no sucede así, es frecuente el auxilio y apoyo de los padres; y en general las ayudas económicas, suelen traer ciertos grados de subordinación emocional, en el sentido que suele decirse: padre que ayuda, padre que se entromete en la conducción y educación del pequeño, sobre todo por los componentes afectivos hacia el nieto/a.

Toda pareja que se constituye, comprende o estaría bien que pudiera hacerlo, que conforma una unidad familiar nueva e inédita, que para serlo debe bastarse a sí misma. Dicho sentido, no se basa únicamente en lo económico material, porque lo esperable de quienes se deciden a construir una familia, es que han de ser maduros emocionalmente, en primer término como pareja y luego como futuros padres. Es importante saber que lo primero no supone lo segundo; que a veces excelentes compañeros, no lo son tanto después como padres, madres o educadores.

Quiero decir: hay casos de parejas cuyo equilibrio interno, hasta entonces sin aparentes tropiezos, que se derrumban con la llegada de un hijo/a, y no es algo extraño de ver.

Hay una frase común que es : "Los hijos atan"; que no deja de ser un prejuicio, válido para aquellos que no los deseen.

En el recorrido de una pareja, hay muchos supuestos y situaciones que se dan por sobreentendidas, que están en estrecha relación con los pactos inconscientes entre ellos, por eso es que las situaciones críticas no pueden tomarse a la ligera, si queremos saber lo que pasa y resolverlo.

También hay que recordar, que así como en otras épocas las conveniencias de sangre y fortuna, se sopesaban con gran interés en la concertación de un matrimonio, contemporáneamente los aspirantes a formar una familia, quizá deberían considerar las cuestiones relativas a la madurez personal.

La clínica muestra que los desequilibrios en las parejas, se suelen basar en desacuerdos físicos o culturales, en enfrentamientos afectivos relacionados con características personales o ideológicas.

No deja de ser curioso y digno de mención, que mientras la medicina preventiva ha mantenido constante la alarma de que alguno de los miembros de una pareja podría aportar elementos físicos de riesgo, se haya prácticamente desentendido de que también puedan aportar complejos emocionales sin resolver.

En caso de conflictos, es común encontrarse con prejuicios referidos a temas amorosos o sexuales. Por ejemplo: es frecuente encontrar mujeres que llegan a tener un hijo/a, pero ignoran los detalles y la amplitud de la anatomía del propio sexo o el del compañero, así como pueden desconocer o negar las características de las combinaciones anímicas, o de creencias que los incluyen e incumben directamente.

Otro tanto sucede con los hombres, en lo que atañe a la anatomía y la fisiología femenina, la dinámica y el desarrollo en la sexualidad de la mujer.

Dichas limitaciones, se traducen en inseguridades básicas y actitudes en relación a la pareja; además de que inciden en la dirección de las líneas educativas de los hijos.

La famosa fábula de la cigüeña, representó el modelo clásico de negación de la sexualidad, mito que representó la más distorsionada postura paternal, por las ocultaciones que muestra. Esto es así hasta el punto que podemos afirmar, que muchas situaciones, aparentemente incomprensibles y de gran ansiedad en los niños, están íntimamente vinculadas a la sexualidad de los padres.

EL DILEMA DE LA SEPARACIÓN

Puede suceder, que una pareja se enfrente a la encrucijada de una disolución matrimonial; allí se abre un etapa que deberían poder procesar adecuadamente, para evitar falsos cierres de dilemas emocionales.

Después puede llegar lo que se llamó: "un segundo intento u oportunidad"; es decir parejas con hijos que se plantean una separación, y luego uno o ambos participantes en dicho pacto, vuelven a establecer relaciones formales con otra persona.

Me llama la atención, que los manuales de pediatría o de psicología infantil, no abunden en material al respecto, sobre todo si tenemos en cuenta que tales situaciones, en los tiempos que corren, no son excepcionales, por lo que es posible observar que hay muchos niños en tal condición, y creo que es necesario que los especialistas, se pongan de acuerdo en ciertos parámetros para la puericultura correspondiente.

En realidad, son cada vez más frecuentes las consultas de parejas, acerca de cómo han de conducirse ante la decisión de un divorcio.

Sin embargo, a pesar de la evidencia que la realidad social nos muestra, en los medios legales aun hay una ausencia de actitudes coherentes de jueces y asesores, ya que las leyes operan por la interpretación que de ellas se hace, y es común que existan filtros morales e ideológicos.

Tampoco parece haber criterios aceptados, en general, sobre temas tan fundamentales como la tenencia de los hijos, el régimen de visitas o la custodia compartida.

De momento, no vamos a ocuparnos de divorcios o separaciones conflictivas, porque suelen ser resultado de matrimonios inmaduros, que hacen de la relación con los hijos, campos de batalla de actuaciones enfermizas, y por tanto, pertenecen a la patología.

Se trata de casos en los que poco puede hacerse en el campo preventivo o educativo en relación a los padres; ya que estamos hablando de supuestos adultos que instrumentan a través de los hijos, odios y rencores. En general, llegan a los tribunales.

Es de suponer que las separaciones adultas, se gestionen en el plano de lo interpersonal, y la justicia sólo sea necesaria para resolver cuestiones legales y económicas. En dichos momentos, cabe esperar que los padres hayan sido en todo momento, aquellos padres que solamente les interese el bienestar de sus hijos.

Es mejor estar bien separados que mal unidos.

De los hijos no es posible divorciarse.

Sería aconsejable que la encrucijada sea lo menos conflictiva posible.

Si se pueden clarificar los nuevos vínculos y comprobar sus efectos, sería una prueba de salubridad y validez de una ruptura conyugal.

En realidad, en la práctica es difícil llegar a resolver una separación sin un cierto grado inevitable de discrepancia afectiva.

Muchos padres creen que porque han evitado discutir delante de sus hijos, éstos quedan al margen de la situación conflictiva, pero no es así, son pequeños, pero se dan cuenta de lo sucede, aunque no lo sepan.

Desde luego que es de sentido elemental, cuidarse de que los enfrentamientos de cierta virulencia, no se den delante de los hijos, pero es una negación evidente suponer que no perciben el estado de la situación familiar.

Los niños son muy sensibles a los cambios más pequeños y a las sobreactuaciones del clima afectivo, tal vez no conscientemente pero sí físicamente; es más, reconocen con extrema sutileza tensiones de la pareja. En la clínica del tema, se puede comprobar que cuando el desenlace se produce y los padres se deciden a hablar con ellos, los hijos ya se lo esperaban.

En especial, si se trata de hijos mayores, no debería demorarse la comunicación de algo que ya saben.

Tal vez pudiera parecer absurdo explicitar lo que voy a decir a continuación, pero no se debería posicionar a los hijos como jueces del litigio, llevándoles quejas o información que no les corresponde manejar acerca de los desencuentros paternales.

Una vez decidida la separación, estaría bien objetivarla en el seno de la familia y comunicárselo a los hijos.

La separación de dormitorios, coloca a la familia ante un hecho importante, sea permanente o transitorio. Se trata de situaciones más frecuentes de lo que podría creerse, a veces, sucumbe la pareja y se mantiene el matrimonio.

Si se va a producir un cambio de casa, es decir, una separación física en toda regla, hay un momento en que las aclaraciones verbales son necesarias, sobretodo cuando los hijos están en edad de comprenderlas.

Es un asunto importante a considerar; el que se va de la casa sería bueno que contase con la colaboración del que se queda, con la finalidad de que dentro de lo posible, queden despejadas las vías de comunicación, es decir, la pareja se separa, pero los hijos, si fuera el caso, no deberían ver resentida la relación con el padre o la madre.

EL RÉGIMEN DE VISITAS

Cuando se habla de parejas o familias separadas o divorciadas, tal vez no haya indicaciones exactas, sobretodo sin conocer la situación precisa y diferente a todas las demás, ya que no hay dos casos iguales, ni hay recetas para aplicar inmediatamente, ni siquiera fórmulas o códigos preestablecidos por los cuales regularse. Sin embargo, contando con algunas variables generales, creo que sería adecuado que cada madre y padre, se planteara las dificultades y las actitudes a seguir en cada caso, de manera tal que fuesen coherentes con la enseñanza que quieran darle a sus hijos, y así hacer posible que en su proceso educativo y de crecimiento, reciban el apoyo y la ayuda que precisen del uno y del otro de los padres.

Como ya dije anteriormente, sería aconsejable que el que se va, haga lo necesario o lo imposible, para mantener abiertos los canales de comunicación con los hijos.

Suele suceder, sin embargo, que el que se queda en la casa, dificulte o simplemente se conduzca de manera un tanto negligente, o distraída, si queremos ser amables y negar sentimientos en juego, como los celos o la rivalidad, cuando a veces, lo que está en juego es una venganza o un castigo a la pareja ausente del hogar, aunque estuvieran de acuerdo en la separación.

A veces son situaciones diabólicamente complejas, a pesar de las "buenas intenciones conscientes", o no.

Se trata de aspectos, que es necesario aclarar en sus matices prácticos; aquél con el que conviven los hijos, no puede obligarlos a que se relacionen adecuadamente con el otro ausente en la convivencia, y tampoco, creo que debieran entorpecer dicho vinculo.

En tal sentido, hay una práctica interesante que es concertar los encuentros en un lugar neutral, y tal como supuestamente quedó explicitado ante ellos, los pequeños deberían encontrar en cada uno de los padres, la mayor disponibilidad posible.

Después está el tema de las "visitas", que tal vez no interesa en éste momento del desarrollo.

Entonces, digamos que sería aconsejable que se "encuentren", de la manera más abierta posible y compartan, dentro de lo posible, temas y actividades.

En los llamados "divorcios conflictivos", está claro que los jueces suelen establecer lo que se llama en algunos lugares del mundo el "régimen de visitas".

Dicha situación, en ocasiones, da lugar a desencuentros enojosos y molestos para algunos de los participantes de la cuestión, sobretodo cuando quien tiene la custodia o comparte la cotidianeidad del niño/a, decide cumplir a raja tabla o estrictamente hablando, lo que supone su derecho otorgado por la justicia.

Es de suponer que un divorcio, podría producirse por una serie de desacuerdos entre los padres, sin consecuencias perjudiciales para los hijos e incluso, se podría hablar de fortalecer los vínculos entre padres e hijos, anteriormente afectados por desacuerdos en el hogar.

Los padres separados, sería bueno, por el bien de los hijos, que lleguen a acuerdos voluntarios y de ser posible, leales, ya que los hijos merecen un sistema fluido de comunicación a pesar del calendario de visitas.

El caso más habitual, podría ser aquél en que se establece que el padre tendrá al hijo/a desde el día sábado hasta el domingo por la tarde o noche.

Ambos padres, pueden creer que al ajustarse al acuerdo cumplen una norma regular y saludable, tanto que cualquier cambio se puede llegar a sentir como una excepción peligrosa para la estabilidad emocional, y sin embargo, nos preguntamos: ¿Qué sucede en la práctica?

Tal vez, resulta que el padre siente que trabaja de padre los sábados, independientemente de cual sea su estado anímico, y tiene la idea de que queda anulado para otras actividades en los fines de semana.

Correlativamente, la madre puede sentir que está "sola" los fines de semana, que siendo no laborables, por ejemplo, deberá ocupar sin alternativas, lo cual en algunos casos, la enfrenta a su situación existencial y a nuevos cuestionamientos personales.

Tales situaciones, pueden dar lugar estados de ánimo, de una y otra parte, que podrían concluir en la sensación de que estar o no con los hijos, se convierte en una obligación ineludible y difícil de sostener.

De modo que se puede ver con facilidad en las ciudades, a muchos hombres con aire tedioso o inquietos, comiendo con uno o dos niños, una pizza o hamburguesas, o bien paseando distraídamente o en las filas de los cines, en centros de ocio o parques temáticos, y un observador atento a tales escenas puede llegar a pensar que se trata de padres domingueros.

Tal vez, sería más lógico, que mediante una conversación o un convenio pactado y respetado, cada padre y madre, pudiera estar con sus hijos los momentos necesarios y posibles, con la intención de que sea un tiempo de un ejercicio eficaz de afectividad.

Teniendo en cuenta estas cuestiones, podemos señalar encrucijadas en que después de una separación "sensata", es decir, luego de un distanciamiento de mutuo acuerdo, hay niños /as que disfrutan más y mejor de la relación con cada uno de los padres, que cuando el equilibrio hogareño era precario e insuficiente.

EL PADRE AUSENTE

Después de una separación o un divorcio, surgen nuevas situaciones que debemos considerar.

Una de ellas es la que se suele llamar: "El padre ausente", es decir aquél que no está cotidianamente en el hogar.

Es importante distinguir, a los padres distanciados por desavenencias o incompatibilidades, de una ausencia en las relaciones psicológica con los hijos, en cuyo caso es un padre que no es tal ya que no se hace cargo de sus relaciones, ya sea con la mujer o con los hijos, es decir, que él siempre es el hijo.

Es importante que un padre ausente, le muestre a su hijo/a, cómo y dónde vive y qué hace en su nueva vivienda, que podría ser también, un lugar en el que el pequeño tenga algunas de su pertenencias: ropas, libros, juguetes y comodidades para estar en su casa.

El niño/a, tienen que alcanzar la sensación de que poseen dos hogares y no que sale de una casa para ir de visita a otra.

Desde luego que no son suficientes los recaudos externos o extremos, porque son necesarias ciertas condiciones psíquicas y psicológicas.

Cada padre debería preservar en el niño la imagen del otro, y en ese sentido tal vez sea necesario requerir la colaboración del resto de la familia.

Las actitudes erróneas más frecuentes son:

1- Poner al niño en el trance de juzgar la conducta del otro, exponiéndole juicios negativos, que justificados o no, se tengan sobre él; dicha actitud no es sólo inconveniente para el niño, sino perjudicial para todos.

2- No se debería hablar del otro como si se hubiera muerto,

ellos supone su inexistencia psicológica. Es importante hablar con el niño con "naturalidad" de los temas relacionados con el padre, es decir, situaciones o recuerdos que no impliquen juicios de valor.

3- Mucha gente, aparentemente con buena voluntad, cree que la preservación de la imagen se debe hacer exagerando acerca de las cualidades del otro, por ejemplo, elogiando sus virtudes. Dicha actitud, es resultado de una falsa generosidad y trae como consecuencia inevitable la confusión del hijo, aunque no lo exprese y explícitamente se pregunte: ¿ Porqué se separaron si era tan bueno? Quizá tampoco se debería ocultar a los hijos, en edad de comprenderlo las características que determinaron las discrepancias, sin profundizar en ellas, por ejemplo: " no atendía mis reclamos"; "me gritaba mucho", nunca estaba, era muy desamorado".

4- Lo que el padre o la madre hagan con el hijo, en el tiempo que estén con él o ella, no debería ser un motivo de impertinente injerencia del que no lo tiene. Es común que venga a consulta una madre a quejarse de que cuando el padre sale con el chico, le permite comer, por ejemplo, chocolates, que sabe que no le benefician; o que aparentemente, no lo abriga lo suficiente, por lo cual siempre que sale con el padre se resfría.

5- El médico o el psicólogo, deben aclarar que tales procedimientos, por cierta que sea su realidad, son maneras de mantener la querella en el hijo, y además, probablemente sean un indicador, de que el problema de la separación no ha sido resuelto satisfactoriamente.

6- Otro aspecto a señalar, es el tema de las vacaciones, las anuales o las ocasionales como son las festividades, que es conveniente que sean pactadas como lo son las visitas. Es decir: el padre o la madre que se quede sin su hijo, debe asumir que está haciendo por él algo bueno y constructivo, ayudándolo a integrarse a una figura imprescindible para su crecimiento personal.

7- La elección del médico se hará de común acuerdo y el pediatra, debe aceptar que ambos padres tienen por separado, pleno derecho a la información sobre la salud de su hijo, y que las decisiones más importantes, como puede ser un ingreso hospitalario o intervenciones quirúrgicas, corresponden a ambos padres. Es más, las circunstancias de las llamadas "enfermedades comunes" del desarrollo, no deberían ser usadas como excusas para que el padre que no convive con el niño/a cambie sus hábitos en la relación.

8- También es importante recordar, al llamado "padre seductor"; una especie frecuente, que es aquél que en cada salida colma al hijo de juguetes, golosinas o ropas, pretendiendo tal vez, dar la imagen de que es él quien otorga todo cuanto se le solicita, cuando en realidad está intentando ganarse el afecto de su hijo/a. Dicha actitud es muy inconveniente, y además no influye ni mucho ni poco en los auténticos sentimientos que se juegan en la relación, e incluso podría llegar a actuar como un elemento negativo, cuando el niño/a esté en condiciones de formarse sus propios juicios acerca de la situación vivida.

AVATARES DE LA ADOPCIÓN

La adopción es un tema de plena actualidad en nuestro mundo, que está a la espera de una legislación nacional e internacional, que en lugar de responder a cuestiones de política económica, resuelva a favor de los niños.

En tales circunstancias, nos podemos encontrar con muchos prejuicios, que pueden perturbar una decisión importante como es darle un hogar y una educación a quien no la tiene.

Lo fundamental, me parece, es que deberían establecerse con claridad, las intenciones de la pareja que decide la adopción y que gira alrededor de una cuestión que es: formar una familia, integrando al niño/a, al conjunto con el mismo espíritu con que se decide tener un hijo carnal, es decir, asumiendo en su totalidad los papeles correspondientes.

Quienes adoptan, se transforman, sin duda, en padres por una decisión existencial y básica, y tienen entre sus supuestos, una reflexión seria y leal acerca del hecho de asumir las obligaciones que la maternidad y la paternidad implican.

Señalo tal punto, por la frecuencia con que observamos situaciones en las que se pretende que el hijo adoptado en el caso del que estamos hablando, cumpla funciones que en realidad no le corresponden.

Encontramos en consulta, a veces, parejas que aparentemente, comienzan a tener dificultades en la convivencia y que llegan al extremo de suponer que un niño/a les pudiera unir más de lo que no están, es decir que lo deciden como quien toma un medicamento, con el lamentable resultado de que tal adopción, aumenta las diferencias en la pareja, lo cual es en realidad, un gesto cruel.

Algo semejante sucede con el erróneo consejo que a veces reciben ciertas señoras, digamos "neuróticas", de las que se supone que las preocupaciones y ocupaciones que trae un hijo, la distraerán y le calmaran los "nervios", pero resulta que no es así. Esto último me recuerda, los tiempos en que se decía que a las muchachas "nerviosas", las calmaría el matrimonio.

Sólo puede traer transmitir alegría una pareja alegre por serlo y estable, que ama la vida; en consecuencia, sería una buena actitud, realizar antes de adoptar, una serie de entrevistas con un especialista, para que la decisión sea tomada en condiciones óptimas.

Hay varias circunstancias en relación a la adopción, en las que es aconsejable tener en cuenta el momento de concretar dicha acción.

Por ejemplo: si se puede elegir, es aconsejable tomar al niño de menor edad, si es posible recién nacido o de pocos días. Aquellos que han pasado tiempo en lugares destinados a niños huérfanos o abandonados, suelen necesitar ayudas añadidas a las que conlleva la adopción misma, en relación a problemas de identidad y otras cuestiones.

Otra posibilidad: si la adopción fuese de un niño mayor, incluso de pocos meses, es probable que sea necesaria una intervención psicológica, y es una posibilidad que no debe descartarse rápidamente.

Una vez incorporado el pequeño a su nuevo hogar, quienes lo reciben deben proceder con la absoluta convicción de que son sus padres, y asumir dicho protagonismo sin restricción alguna.

Si dado el caso, en una consulta con un profesional, se le señala a una madre de adopción que debe ponerle límites al niño/a, y ella responde: " Me resulta difícil ya que no soy su madre", esa respuesta permite formarnos una idea de la incertidumbre con que se ha actuado en el proceso de adopción, y es probable que tal actitud genere serios problemas de identidad en el niño/a, y de ninguna manera es una situación frente a la cual podemos pasar de largo como si no ocurriera nada especial.

Por otra parte hay una postura frecuente entre quienes adoptan niños, que tal vez, no es la más aconsejable y es, la de negarles su condición de tales.

A veces, se actúa como esperando el momento propicio, de una presunta madurez para hacerles la revelación.

Es interesante desde cualquier punto de vista, detenerse en la cuestión, ya que personas supuestamente cultas y preocupadas del tema, no sólo insisten en el procedimiento mencionado, sino que echan mano a toda clase de argumentos para defender su exactitud.

Incluso, no es raro que ante la precisa indicación de proceder a clarificar dicha situación, los padres decidan cambiar de especialista.

Tan arraigado está el tema, que es necesario ahondar en las razones determinantes de dicho rechazo en cada situación.

No siempre son motivaciones sentimentales, con frecuencia no se desea desvelar la verdad con la intención de ocultar la infertilidad de la pareja, ya sea por vergüenza o por otras motivaciones, y tienen entonces, la secreta intención de ocultar y cuidar las apariencias delante de la sociedad, llegando hasta intentar haciendo pasar al hijo adoptivo como biológico.

Suele suceder que después de adoptar una mujer queda embarazada, allí las piezas del juego se recolocan.

Si descartamos las cuestiones planteadas, debemos saber, que explicitado o no el hecho, la realidad, tarde o temprano pone de manifiesto que el niño/a siempre supo que era adoptado.

Y lo sabe, por estrictas razones biográficas, ya que los primeros nueve meses de su existencia, han transcurrido lejos de su hogar actual, y dicho tiempo ha dejado su marca en algún lugar de su mente, aunque no lo pueda expresar en palabras. Si tiene la suerte de que la vida lo lleve a procesar dicha circunstancia, podría dejar de ser un punto de ceguera en su vida.

Se trata de algo que se denomina: " el secreto familiar" y que forma parte de lo que se denomina la: "novela familiar del neurótico", pero con fundamento, en tal caso.

En las situaciones más típicas, en principio, el conjunto vive representando una situación ficticia, actuando sobre la base de una sistemática ocultación, en la que se puede llegar a niveles de cierto dramatismo, sobre todo cuando hay que inventar historias para informar al hijo del lugar donde nació, y las circunstancias; quién fue el obstetra o la matrona que asistió a la madre o en qué centro médico, o bien a la hora de dar detalles acerca del embarazo o del parto.

Por ejemplo: ¿Cómo se responde, cuando preguntan porqué no hay fotos del embarazo o el nacimiento o los primeros momentos de vida?

No faltan parejas que pretenden la complicidad de un médico, para contar una historia cuidadosamente preparada con detalles del embarazo y la lactancia, que en general se desmoronan solas a poco que se indague.

El casos ideales, es decir, cuando se actúa respetando la verdad de los acontecimientos, el niño cuando le corresponda, sabrá y crecerá con plena conciencia de que fue adoptado, como un proceso que ocurrió de una determinada manera, pero lo importante, es el amor con que fue educado como un hijo propio sin dudas que arrojen sombras, sin tapujos ni ocultaciones sospechosas.

Todos aquellos que estén en relación con el niño; abuelos, tíos, primos, etc., deben actuar sin que su condición interfiera en el afecto y la consideración que se le brinda.

Dicha actitud, además de ser la más saludable y lógica, tiene la ventaja de prevenir prejuicios del conocimiento indirecto, es decir, si dado el caso aparece una tercera persona casi nunca bien intencionada que puede proporcionar al niño - con el fin de hacerlo sentir menoscabado - la información ocultada con tanto esmero y hacerlo en función de intereses o afectos que no tienen nada que ver con el niño/a , sino con relaciones complejas - en ocasiones mezquinas - de los padres con otras personas, familiares o no, que a veces no están del todo explicitadas o resueltas.

La clínica, nos muestra ejemplos en que la decisión de adoptar, despierta en el entorno de la familia, respuestas no siempre positivas, como por ejemplo, las fantasías de algunos familiares, que a veces llega a frustrar vertientes imaginativas de familiares que suponían , tal vez, heredar de un matrimonio sin hijos, en cuyo caso el hijo adoptado es percibido como un intruso o un ladrón, por los presuntos beneficiarios de la supuesta herencia del matrimonio sin hijos.

Cuando no se actúa con claridad desde un principio, es necesaria la revelación, ya que sin dudas, en algún momento hay que enfrentarse a la verdad.

EL PORVENIR ES UN NIÑO DESNUDO

Cuando se ha intentado ocultar la situación de un hijo adoptivo, necesariamente se sugiere la intención de negar algún hecho o conflicto, que en sí mismo muestra una dificultad importante de la pareja. Si los padres no están preparados para afrontar dicha situación, lo más conveniente sería solicitar una ayuda psicológica para ellos.

Tales opciones deben poder hablarse de la manera más abierta y sincera posible y en tal caso, con el mayor de los afectos traducido en gestos, tonos y actitudes, es decir, con la cercanía emocional que la situación requiere.

Se trata de hacerle saber y sentir al hijo adoptado, que los padres piensan y sienten que es realmente un hijo de ellos y que lo aman con tal, que lo han educado, criado y viven su relación como lo que es: sus auténticos padres.

Es cierto que se gestó en otro vientre, que otro hombre es su padre biológico, y también es una realidad, que sus padres actuales le permitieron crecer y seguir vivo, que lo concibieron como una persona integrada socialmente.

Aquí puede surgir la pregunta esencial: ¿Por qué lo abandonaron sus padres biológicos?

En tal punto nos encontramos frente a un dilema, al que en general, se aconseja responder, que aunque lo querían no lo podían criar ni educar, por los motivos que fuesen; de modo que conociendo el hecho, ellos, es decir sus padres adoptivos, decidieron hacerse cargo de todas sus necesidades, de modo que resultó ser su hijo por una elección y una entrega personal, una decisión existencial, y después no supieron más nada de los otros padres.

Está claro que se puede suponer que quienes se ven obligados por sus circunstancias a abandonar a un hijo o a entregarlo para su adopción, son socialmente considerados " no aptos" para una función tan importante, aunque se podría investigar, si alguien lo considerase relevante, las circunstancias que los llevaron a tan drástica decisión.

En general las experiencias al respecto muestran que cuando se toman los recaudos básicos, los niños adoptados no padecen trastornos psicológicos vinculados a su condición, aunque es una coyuntura que deben afrontar y en ello deben tener todo el apoyo necesario.

Incluso cuando se trata de situaciones habladas, con la supuesta "naturalidad" requerida por la situación, por ejemplo, en relación a niños de otros lugares del planeta en que sus rasgos físicos indican, sin dudas, su origen diferente; luego tales niños, a veces si sus circunstancias lo permiten, hacen lo posible por viajar e intentar conocer a sus padres biológicos, y luego sin mayores traumatismos, vuelven a su cotidianeidad a los lugares donde crecieron con sus nuevas familias.

Si los niños padecen trastornos emocionales, se suele tratar de situaciones que arrastran prejuicios y actitudes erróneas, que han llevado a los padres a criar a sus hijos bajo falsas expectativas, o bajo sentimientos no del todo adecuados a la coyuntura.

Lo más frecuente, es que tales desvíos y ocultamientos, estallen de manera importante en la pubertad y que la simple revelación, lejos de aliviarles les exacerbe más aun, porque pueden llegar a sentirse engañados por haberlo percibido o sospechado de alguna manera durante su crecimiento.

También es frecuente, que los padres en tales trances difíciles, se lamenten después amargamente, y repitan que han recibo un pago injusto por su noble acción. Sin embargo, hay que poder pensar, que lo hacían por ellos mismos, por una carencia en sus vidas, por un deseo de ellos y no por supuesto altruismo personal, malentendido hacia la humanidad.

Suele suceder que en tales situaciones, se recurra a la hipótesis de que el niño/a traían factores hereditarios negativos, cuando en realidad, el desenlace responde a un sistema de farsas y simulaciones o verdades no del todo ciertas, que bajo una manto de falso sentimentalismo, ha pervertido las raíces de su identidad.

También tenemos que señalar, las variaciones que la realidad nos muestra en los temas que estamos tratando, según la geografías y las circunstancias que condicionan las vías de adopción y determinan, de manera inequívoca las respuestas posibles de dar al hijo/a, cuando llegado el caso, formulan sus propias preguntas acerca de sus orígenes y llegue el momento de considerar abiertamente su situación, aunque en general, de lo que se trata es de una cuestión de actitudes de los padres actuales.

No podemos olvidar tampoco, que en algunos países, a veces, los niños son adjudicados o repartidos por medios y modos que formalmente, podríamos llamar "irregulares", por no decir otra cosa, ya que en algunos casos suelen ser ejemplos realmente delictivos, como puede ser el hecho directo de la compra y venta de niños, o en ciertos casos directamente "robados" a presuntos "subversivos"; y que tales prácticas fueron materia común en algunos países sudamericanos, como por ejemplo, en Argentina.

Dicha realidad no es complicada de comprobar, ya que la prensa internacional no se ha cansado ni deja de denunciar tales sucesos.

Por otra parte, los procesos jurídicos, señalan la intervención de mediadores entre las madres, que no pueden o no quieren hacerse cargo de los hijos y los aspirantes a padres adoptivos, con todos su derechos.

Claro que en muchos casos, dichas madres, pueden ser "manipuladas" `por especialistas en el tema, que les aseguran que sus hijos tendrán una vida mucho mejor lejos de ellas, por una cuestión de clases sociales, que es una realidad difícil de negar, aunque se intente por todos los medios.

Valgan, como ejemplo también, los casos de los hijos/as de los llamados "desaparecidos" en la Argentina, y la lucha denodada de las "Madres de la Plaza de Mayo" en Buenos Aires, que reclaman desde hace tantos años, saber del destino de sus hijos y de sus nietos, y que recuerdan al mismo tiempo, la búsqueda sin descanso, de esos niños, de esos hombres y mujeres, por averiguar cual es su origen verdadero y su identidad.

El JUEGO: FANTASÍA Y REALIDAD

Si pensamos en la dialéctica Juego y Realidad, podemos investigar algunas cuestiones acerca del desarrollo personal.

Comencemos señalando que cuando un niño se convierte en adulto, se puede suponer que ha abandonado sus juegos infantiles, al dedicarse durante décadas a captar y a incorporarse a la realidad, con la actitud seria requerida.

Sin embargo, puede suceder que el niño en cuestión caiga en un estado psíquico, en el que vuelva a anular, aquella aparente oposición entre juego y realidad.

Los adultos, suelen disfrazar la profunda seriedad que antiguamente dedicaban a sus juegos, y haciendo un movimiento lúdico que equipara sus aparentes y graves ocupaciones actuales, abandonan momentáneamente el excesivo peso de las responsabilidades cotidianas, y conquistan el placer del humor, privado o social.

De manera que el abandono de la infancia, aunque parezca implicar una renuncia al placer del juego, es un gesto solamente parcial, ya que a los humanos nada les resulta mas difícil que abandonar un placer gustado.

En realidad jamás renunciamos a algo.

Lo que hacemos, sin saberlo, es cambiar una situación por otra.

Cuando un adolescente se supone que deja de jugar, solo renuncia en la medida necesaria a la adaptación a la nueva realidad, es decir, abandona aparentemente el juego, para dedicarse a la fantasía y construye lo que popularmente se llaman "castillos en el aire"; algo parecido a lo que técnicamente se denomina;"sueños diurnos".

En realidad, los humanos elaboran fantasías durante toda su

vida, aunque sea un hecho que pueda pasar desapercibido, incluso para el propio interesado. Solamente los creadores, al parecer, han conseguido manifestarlas, y en el mejor de los casos, conseguir la admiración de los demás.

Por otra parte está claro, que es más difícil observar la elaboración de las fantasías, tanto conscientes como inconscientes en los adultos; que los juegos de los niños.

Aunque solos o formen con sus compañeros, un grupo psíquicamente cerrado, dedicado al juego que es una actividad que no es realizada con la finalidad de exhibirla ante los mayores, pero tampoco de ocultarla.

En cambio el soñador adulto, se suele avergonzar de sus fantasías, las oculta y disimula , como intimidades secretas, tanto que prefiere reconocer sus faltas personales antes que comunicar sus fantasías, de las que en general él mismo desconoce sus alcances.

Los adultos pueden llegar a sentir, que quizás sean los únicos que tienen tales pensamientos incomunicables, sin sospechar la difusión universal de tales producciones.

Tan diferentes actitudes en el niño que juega y en el adulto que fantasea, aunque una sigue a la otra, se debe a que responden a diferentes motivaciones.

Los juegos de los niños son dirigidos por deseos, y más precisamente por aquellos deseos que facilitan su educación: el de ser grandes, el de parecerse a los adultos.

Un niño en todos los casos juega a lo mismo: a imitar a los mayores en todo lo que averigua de sus actividades, sin encontrar motivos para ocultar tales deseos, es decir, juega libremente a ser mamá, papá, medico, enfermera, policía o bombero o a lo que sea.

Muy distinta es la situación del soñador adulto: por un lado sabe que de él se espera que no juegue ni fantasee, sino que actúe en el mundo de la realidad, y por otra parte entre los deseos que mueven sus fantasías hay muchos que prefiere ocultar, y por eso se avergüenza de ellas considerándolas pueriles y prohibidas.

Aunque, también los adultos, juegan en su fantasía a ser mayores de lo que son, a triunfar en el dinero y en el amor, allí donde aun no lo han logrado.

Son también conocidas las experiencias, pautadas o no, con personas que pasan hambre y sueñan con comida; o que tienen frío y sueñan con lugares cálidos.

O bien, personas recluidas, que sueñan con relaciones con otras personas, muchas veces del otro sexo.

Algo curioso por su insistencia, sucede en la vida pública cuando diferentes grupos sociales acceden a posiciones de poder; por ejemplo, las llamadas organizaciones conservadoras, intentan imponer, cada vez que consiguen una oportunidad, las mismas ideas: privatizar la salud, la educación, o decretar regulaciones excesivas y rígidas de los derechos laborales y civiles; o entre personas de igual o distinta preferencia sexual.

Entran también, en las ideas fijas y atemporales, las regulaciones basadas en ideas ancestrales y masculinas, sobre los supuestos del derecho de la mujer a interrumpir o continuar con un embarazo, sin ofrecer soluciones alternativas y muchas veces, sin consultar con las mujeres, sino simplemente castigando a los más débiles, a los ciudadanos con menos recursos, y sin distinción de los derechos de género.

Además, digamos que los productos de la actividad imaginativa, tanto diurna como nocturna, no los debemos considerar como formaciones rígidas e inmutables, sino todo lo contrario; es decir que el registro fantástico y el de la cosa pública, se adaptan a las fluctuaciones de la realidad y de la vida; sus acontecimientos se modifican con los cambios y cada nueva impresión es una fecha marcada.

Es decir: existe una estrecha relación entre fantasía y tiempo.

La fantasía se mueve en tres tiempos, entre las coordenadas temporales de nuestra imaginación.

El trabajo psíquico, parte de una impresión actual, cuando un motivo en el presente es capaz de despertar uno de los grandes deseos que el sujeto íntimamente guarda; desde allí se enlaza con el recuerdo de una emoción, generalmente de la infancia, en la que halló algún tipo de satisfacción inolvidable.

Se establece de tal modo, imaginativamente, una situación-el sueño diurno o la fantasía-que es proyectada al futuro y satisfaciendo tal deseo, genera un resultado en el cual se pueden leer, - en un movimiento de construcción temporal- los signos que revelan su doble origen: el motivo actual y la reminiscencia.

De manera, que bien mirada la cuestión, el presente, el pasado y el futuro se enhebran en el hilo del deseo.

JUEGO Y POESÍA

Si pensamos en el tema de los derechos universales de los niños, hay varias cuestiones dignas de mencionar, y las cuales no podemos dejar al margen.

Algunos puntos de los que podríamos hablar, tratan de medidas frecuentes y consejos, que sin demasiadas razones, limitan la libertad de expansión vital como: correr, saltar o jugar. En muchos sentidos, en la generalidad de los hogares y en no pocos colegios, las actitudes de padres, profesores y cuidadores, a veces suelen ser más restrictivas de lo deseable, y en variadas ocasiones nada benéficas.

Por otra parte, las advertencias sanitarias genéricas y poco concretas, como pueden ser: "cuidarlos del frío"; "no fatigarlos"; "comida ligera", y algunas otras por el estilo, pueden tener efectos inesperados en ambientes domésticos ansiosos, que se podrían traducir en una serie de restricciones a las necesidades básicas de ejercicio, movimiento y plenitud dinámica que caracterizan a los niños.

"La actividad es una ley de la niñez", decía un gran educador, y tal vez no recordamos tal principio, con la suficiente asiduidad.

Otra cuestión fundamental para el adecuado crecimiento de un niño/a, es poder concebir el derecho a una educación sexual abierta y progresiva, considerando la amplitud de los términos y los tiempos de cada uno según su edad y desarrollo.

Los padres podrían tener en cuenta, que muchas veces, gran parte de los desajustes emocionales de los jóvenes y hasta de unos cuantos adultos, suelen tener sus raíces en conflictos e interrogantes que se arrastran durante mucho tiempo, lo sepamos o no.

Es de esperar de unos padres responsables, que no dejaran pasar las preguntas e inquietudes de sus hijos, sin detenerse lo suficiente, en algunos aspectos básicos de la educación, tratándose de cuestiones de las que podría depender, aunque más no sea en parte, su felicidad y logros futuros.

Y si nos preguntamos: ¿Cómo manifiestan los niños tales curiosidades e inquietudes?

Tal vez, nos pueda orientar un aspecto que podemos considerar en sus múltiples facetas.

La tarea predilecta de un niño es el juego.

Sigmund Freud señala, que todo niño al jugar, se conduce como un poeta, ya que crea un mundo propio, o más bien, dispone los objetos de su mundo en un orden nuevo, preferido por él.

Sería injusto afirmar que no se toma en serio dicha actividad; por el contrario juega con una profunda convicción, y aplica en ello un considerable despliegue afectivo.

Lo contrario del juego no es la seriedad, tal lo sea, la realidad.

Ahora bien, tenemos que saber que los afectos intensos que el niño pone en sus juegos, no le impiden distinguir entre el mundo de sus juegos y el de la realidad; de manera que con gusto adapta los objetos y circunstancias de su imaginación, a las cosas tangibles y visibles del mundo de la realidad exterior a su juego, que es en sí mismo, otro tipo de realidad.

Precisamente, esa adaptación es la que distingue el juego del niño de la fantasía.

A propósito de lo que acabo de decir, recuerdo que el uso del lenguaje, recoge dichas diferencias, por ejemplo, la lengua alemana conserva tal parentesco entre el juego infantil y la creación poética, cuando llama "juegos" a aquellas creaciones literarias que imponen una adaptación a objetos reales y que son susceptibles de una representación escénica, así se llama juego placentero a la comedia, juego triste a la tragedia, y se designa jugador escénico al actor que interpreta.

Tanto la ficción de la creación literaria, como la del juego de los niños, tienen importantes consecuencias en la vida humana, puesto que permiten que muchas situaciones que no proporcionarían placer alguno en la realidad, consigan producir un estado placentero en el juego de la fantasía.

En realidad, muchas emociones que básicamente podrían considerarse desagradables, se convierten en motivo de deleite y esparcimiento para el lector, el oyente, el espectador de una función de teatro o una película, o bien del niño que juega.

Tal situación hace que se trate de un enigma a descifrar, ya que dichas producciones poéticas, despiertan en nosotros emociones que en muchas oportunidades, ni siquiera habíamos sospechado que nos afectasen.

El interés crece más aun, cuando preguntamos a los poetas, y nos enteramos, sorprendidos, que tampoco ellos pueden respondernos explícitamente.

Cesare Pavese, dijo que un poema es tal, cuando sorprende al que lo escribió.

Por otro lado, sabemos que ni la más cuidadosa selección de temas, ni un mayor conocimiento de las técnicas de creación literaria o de las estructuras académicas, nos convertirían en poetas.

Ellos mismos reducen la distancia, que media entre su singularidad y la esencia común del ser humano, cuando afirman que en todo hombre se esconde un poeta, y que el último de éstos no morirá sino cuando desaparezca el último de los mortales.

Y para terminar recuerdo unos versos de A. Machado que dicen:

Hoy dista mucho de ayer.
Ayer es Nunca jamás!

BIOGRAFIA DEL AUTOR

Jaime Kozak nació en Alemania en 1947.

Después vivió en Asunción del Paraguay, y posteriormente en Buenos Aires, Argentina, donde inició su psicoanálisis personal; realizó sus estudios hasta la Licenciatura en Psicología, e inició su formación como Psicoanalista y Poeta del Grupo Cero.

En 1977 se trasladó a Madrid, España, para participar en la fundación de la Escuela de Psicoanálisis y Poesía, en 1981, que realizó el Dr. Miguel Oscar Menassa, fundador del Movimiento científico y cultural Grupo Cero.

Es español desde 1979.

El Centro Biográfico Internacional de Cambridge, Inglaterra, lo designo como "International Men of the Year" en 1991, por sus servicios al Psicoanálisis y a la Poesía; y lo incluyó en la "Who es who in Poetry and Poets Enciclopedia" en la letra "K", desde su 7ª edición 1993 – 1994.

Ha sido seleccionado "Mejor poeta del 2007", por la IWA, Asociación Internacional de Escritores y Artistas, Ohio, USA.

Posteriormente en 2010,la IWA lo nombra:"The best Cultural Activist"; y en el 2013, "The best personality"; por su trabajo en los principios y propósitos de la IWA, es decir, la defensa de la creación artística y los derechos humanos y las libertades del hombre en el mundo.

Forma parte del grupo editor del diario digital "Long Island al Día", de Nueva York, USA, donde publica una columna semanal bajo el título: Psicoanálisis y Educación.

Ha publicado cinco libros de poesía de su autoría y ha participado en otros muchos más , además de publicar regularmente en revistas de todo el mundo; su libro más reciente:"Habrá otra vez", se publicó en 2014, en la Editorial Grupo Cero, en Madrid

Ha publicado siete libros de Psicoanálisis, de los cuales los dos más recientes han sido publicados por "Long Island al día Editores": "Jugar, jugar, hasta crecer" en el 2013 y "Claves del buen vivir", en 2015.

Su página web: http://jaimekozak.com

ÍNDICE

www.ingramcontent.com/pod-product-compliance
Lightning Source LLC
Chambersburg PA
CBHW061749270326
41928CB00011B/2429